精准技能帮扶理论与
实践研究

罗德超　张雅婷　廖小磊　李杨 ◎ 编著

西南交通大学出版社
·成都·

图书在版编目（CIP）数据

精准技能帮扶理论与实践研究 / 罗德超等编著. —成都：西南交通大学出版社，2021.12
ISBN 978-7-5643-8570-5

Ⅰ. ①精… Ⅱ. ①罗… Ⅲ. ①扶贫–研究–中国 Ⅳ. ①F126

中国版本图书馆 CIP 数据核字（2021）第 278414 号

Jingzhun Jineng Bangfu Lilun yu Shijian Yanjiu
精准技能帮扶理论与实践研究

罗德超　张雅婷　廖小磊　李　杨　编著

责 任 编 辑	罗爱林
封 面 设 计	原谋书装
出 版 发 行	西南交通大学出版社 （四川省成都市二环路北一段 111 号 西南交通大学创新大厦 21 楼）
发行部电话	028-87600564　028-87600533
邮 政 编 码	610031
网　　　址	http://www.xnjdcbs.com
印　　　刷	成都蜀通印务有限责任公司
成 品 尺 寸	170 mm × 230 mm
印　　　张	10.25　　　　　　字　　数　146 千
版　　　次	2021 年 12 月第 1 版　印　次　2021 年 12 月第 1 次
书　　　号	ISBN 978-7-5643-8570-5
定　　　价	45.00 元

图书如有印装质量问题　本社负责退换
版权所有　盗版必究　举报电话：028-87600562

序

2021年2月25日上午，全国脱贫攻坚总结表彰大会在北京人民大会堂隆重举行。习近平总书记向全世界庄严宣告，我国脱贫攻坚战取得了全面胜利，完成了消除绝对贫困的艰巨任务，创造了又一个彪炳史册的人间奇迹！

打赢脱贫攻坚战是全面建成小康社会、实现第一个百年奋斗目标的重要内容。在党的十九大报告中，习近平总书记强调："让贫困人口和贫困地区同全国一道进入全面小康社会是我们党的庄严承诺。要动员全党全国全社会力量，坚持精准扶贫、精准脱贫，坚持中央统筹省负总责市县抓落实的工作机制，强化党政一把手负总责的责任制，坚持大扶贫格局，注重扶贫同扶志、扶智相结合，深入实施东西部扶贫协作，重点攻克深度贫困地区脱贫任务，确保到二〇二〇年我国现行标准下农村贫困人口实现脱贫，贫困县全部摘帽，解决区域性整体贫困，做到脱真贫、真脱贫。"《中共中央国务院关于打赢脱贫攻坚战的决定》中指出："加大职业技能提升计划和贫困户教育培训工程实施力度，引导企业扶贫与职业教育相结合，鼓励职业院校和技工学校招收贫困家庭子女，确保贫困家庭劳动力至少掌握一门致富技能，实现靠技能脱贫。"

技工院校发挥职能优势，突出职业技能教育工作重点，狠抓工作落实，为如期高质量完成扶贫攻坚任务、打赢脱贫攻坚战做出了贡献，更为职业技能教育助力乡村振兴打下了坚实的基础。

深圳鹏城技师学院（原深圳第二高级技工学校）作为深圳市人力资源和社会保障局直属技工院校，自 2010 年以来，按照市委市政府的对口帮扶决策部署，先后面向贵州黔南和毕节、广东廉江和汕尾、湖北郧西、广西百色等地开展对口帮扶工作，发挥专业培养技能人才的优势，持续 10 年的技能帮扶工作取得了令人瞩目的成绩。本书通过回顾深圳鹏城技师学院对口帮扶工作历程，分析梳理技工院校对口帮扶地区的主要模式和典型案例，并开展实施效果调查分析、困难与制约因素分析以及优化对策，对新时期巩固脱贫攻坚成果、实施乡村振兴战略具有研究和现实意义。

本书的研究目标、内容及方法如下：

第一章技能帮扶背景：主要介绍精准技能帮扶的历史背景、政策演进及对学校实施精准技能帮扶攻坚之路的回顾。

第二章技能帮扶研究综述与分析：分别从技能帮扶政策和理论两方面进行研究综述，并对精准技能帮扶的精准性进行了探讨。

第三章技能帮扶主要模式和典型案例：根据学校 10 年帮扶工作实践经验和技能帮扶模式的选择，从宏观、中观、微观 3 个层面，构建了帮扶合作、帮扶保障、"精准三扶" 3 种帮扶模式。

第四章技能帮扶实施效果分析：运用问卷调查法和实证研究法，对技能帮扶模式开展分析研究，并针对具有代表性的具体帮扶案例进行分析，为技能帮扶模式优化提供理论基础和指导作用。

第五章技能帮扶难点与制约因素分析：结合学校开展技能帮扶招生、师资培养、专业帮建等现状的实践，分析技能帮扶内生和外在动力不足的制约因素。

第六章技能帮扶模式优化对策：基于前五章内容的总述，提出技能帮扶模式优化对策以及有利于完善技能帮扶的实施举措，以期有助于技能帮扶质量的进一步提高。

第七章技能帮扶创新与发展：分析进入后扶贫时代，技能帮扶如何适应乡村振兴战略新形势要求，进一步创新与发展。

研究证明，精准技能帮扶要真正落到实处，形成长效机制，仅靠"输血"是不可持续的，更重要的是要"造血"。深圳鹏城技师学院通过全日制教育和社会化技能提升培训2种技能帮扶方式，使一大批帮扶生走上技能成才之路。同时，学校还通过管理、专业、师资、场地、设施等多方面的帮扶输出，帮助了一批被帮扶地区职业院校走上技能教育强校之路，取得了一些成功经验。

面向乡村振兴战略，打破城乡二元治理结构，办好满足乡村振兴需要的职业教育，是技工院校的责任与担当。对技能帮扶理论与实践的研究，有利于为有关政府部门及相关单位进一步完善技能帮扶政策与举措提供实证参考依据；有利于系统梳理技能帮扶的理论体系，为各类典型案例提供理论支撑；有利于形成一套可操作的理念和技术体系，进一步提高精准技能帮扶成效。

作 者

2021年11月

目　录

第一章　技能帮扶背景 ·· 001
　　第一节　扶贫政策的历史演进 ······································ 002
　　第二节　技能帮扶政策的发展 ······································ 005
　　第三节　精准技能帮扶攻坚之路 ···································· 010

第二章　技能帮扶研究综述与分析 ······································ 018
　　第一节　理论研究综述 ·· 019
　　第二节　精准技能帮扶探讨 ·· 021

第三章　技能帮扶主要模式和典型案例 ·································· 026
　　第一节　构建帮扶合作模式 ·· 028
　　第二节　构建帮扶保障模式 ·· 047
　　第三节　构建"精准三扶"模式 ···································· 051

第四章　技能帮扶实施效果分析 ·· 063
　　第一节　实施效果调研 ·· 064
　　第二节　实施成效分析 ·· 086

第五章　技能帮扶难点与制约因素分析 ·································· 100
　　第一节　难点分析 ·· 101

第二节　制约因素分析 …………………………………… 104

　　第三节　主观因素分析 …………………………………… 107

第六章　技能帮扶模式优化对策 …………………………………… 110

　　第一节　优化技工院校技能帮扶模式 …………………… 111

　　第二节　健全发展型助学帮扶政策体系 ………………… 114

　　第三节　促进社会多元化协作 …………………………… 119

　　第四节　建立技能帮扶就业指导体系 …………………… 133

第七章　技能帮扶创新与发展 ……………………………………… 138

　　第一节　从脱贫攻坚到乡村振兴 ………………………… 139

　　第二节　精准技能帮扶的创新与发展 …………………… 141

　　第三节　新时期技能帮扶实践 …………………………… 145

参考文献 ……………………………………………………………… 151

后　记 ………………………………………………………………… 154

第一章　技能帮扶背景

贫困是伴随着人类社会发展长期存在的问题，也是人类社会最迫切需要解决的问题。贫困既包括收入贫困这一层面上的绝对贫困，还包括收入贫困、能力贫困和权利贫困在内的相对贫困。而除此之外，制度性贫困问题也日益凸显。制度性贫困是指劳动者具有正常的学习和劳动能力，但由于后天教育不足、身份限制、政策缺陷和风俗陋习等制度缺陷而出现的贫困。同时，因不同地区、不同人群收入分配问题影响，贫困个体的生存能力减弱，表现为受教育水平低下和明显的代际转移等特征。技能帮扶作为我国以制度安排形式实施精准帮扶的重要手段，通过组织实施技能教育和职业培训，增强贫困人口发展的内生动力和劳动技能，从根本上提高了个人生存能力，从而实现贫困人口摆脱贫苦的目的。回顾其实施过程，并非一蹴而就。多年来，国家及省市针对教育帮扶、技能帮扶政策的持续出台和实施，极大地促进了技能帮扶的落地及创新发展，使更多的被帮扶学生享有更优质的技能教育和获得技能的机会，迈出了自身以及家庭实现脱贫的第一步。

第一节　扶贫政策的历史演进

新中国成立 70 多年来，作为执政党的中国共产党以彻底解决困扰中华民族几千年的贫困问题、实现社会主义现代化强国为目标，根据不同历史时期的具体国情提出了消除贫困、实现共同富裕的一系列具体措施，不断推动扶贫脱贫工作取得重大成就，为实现脱贫攻坚的全面胜利奠定了基础。

一、新中国成立后解决中国贫困问题的探索

新中国成立后，面对极其贫穷落后的社会发展状况，以毛泽东同志为代表的中国共产党人选择了从改造旧的生产关系即经济基础入手彻底改变中国贫穷落后的面貌。毛泽东同志指出："全国大多数农民，为了摆脱贫困，改善生活，为了抵御灾荒，只有联合起来，向社会主义大道前进，才能达到目的。"1955 年 7 月，毛泽东同志在《关于农业合作化问题》报告中明确提出了"共同富裕"的思想，他指出："在逐步地实现社会主义工业化和逐步地实现对于手工业、对于资本主义工商业的社会主义改造的同时，逐步地实现对于整个农业的社会主义的改造，即实行合作化，在农村中消灭富农经济制度和个体经济制度，使全体农村人民共同富裕起来。"在新中国极端贫穷落后的生产力基础上，引导广大农民通过互助合作方式走上社会主义道路，这无疑是从根本上解决中国贫困问题的重要探索。

二、改革开放以来的扶贫历程与成就

1978 年党的十一届三中全会召开，标志着我国进入了改革开放和社会主义现代化建设时期。改革开放初期，我国总体经济发展水平仍处在较低水平。按照中国政府确定的贫困标准，1978 年，农村贫困人口为 2.5

亿人，占农村总人口的 30.7%。在这一阶段，首先是土地经营制度的变革，即以家庭承包经营制度取代人民公社的集体经营制度。这种土地制度的变革极大地激发了农民的劳动热情，从而极大地解放了生产力，提高了土地产出率。与此同时，在农村进行的农产品价格逐步放开、大力发展乡镇企业等多项改革，也为解决农村的贫困问题打开了出路。这些改革促进了国民经济快速发展，并通过农产品价格的提升、农业产业结构向附加值更高的产业转化以及农村劳动力在非农领域就业 3 个方面的渠道，将利益传递到贫困人口，使贫困农民得以脱贫致富，农村贫困现象大幅度缓解。

20 世纪 80 年代中期，在改革开放政策的推动下，我国农村绝大多数地区凭借自身的发展优势，经济得到快速增长，但少数地区由于经济、社会、历史、自然、地理等方面的制约，发展相对滞后。邓小平曾指出"我们的改革是从农村开始的，在农村先见成效，但发展不平衡。有百分之十左右的农村地区还没有摆脱贫穷，主要是在西北干旱地区和西南的一部分地区"。贫困地区与其他地区，特别是与东部沿海发达地区在经济、社会、文化等方面的差距逐步扩大。

面向我国农村发展不平衡问题凸现，低收入人口中有相当一部分人的经济收入不能维持其生存的基本需要。邓小平早在 1986 年就指出："我们的政策是让一部分人、一部分地区先富起来，以带动和帮助落后的地区，先进地区帮助落后地区是一个义务。"扶贫绝不是一种恩赐，更不是一种怜悯，而是一项应尽的义务。对于先富裕起来的地区和人们来说，帮扶贫困最终也是帮助自己。为进一步加大扶贫力度，我国开始实施有计划、有组织、大规模的农村扶贫开发。政府采取了一系列重大措施：成立专门扶贫工作机构，安排专项资金，制定专门的优惠政策，并对传统的救济式扶贫进行彻底改革，确定了开发式扶贫方针。自此，我国的扶贫工作进入了一个新的历史时期。

随着农村改革的深入发展和国家扶贫开发力度的不断加大，中国贫困人口逐年减少，贫困特征也随之发生较大变化，贫困人口分布呈现明显的地缘性特征。1994年3月,中共中央、国务院颁布了《国家八七扶贫攻坚计划(1994—2000年)》,对扶贫开发做出了宏观规划和设计,力争用7年左右的时间,到2000年年底基本解决当时全国农村8 000万贫困人口的温饱问题。这是新中国历史上第一个有明确目标、明确对象、明确措施和明确期限的扶贫开发行动纲领,标志着我国的扶贫开发进入了攻坚阶段。

1997—1999年的3年中,我国每年有800万贫困人口解决了温饱问题,是进入20世纪90年代以来解决农村贫困人口年度数量最高水平。1997年,党的十五大报告首次提出"两个一百年"奋斗目标:到建党一百年时,使国民经济更加发展,各项制度更加完善;到下世纪中叶建国一百年时,基本实现现代化,建成富强民主文明的社会主义国家。党的十六大、十七大均对"两个一百年"奋斗目标作了强调和安排。

三、党的十八大以来的扶贫历程与成就

2012年,党的十八大描绘了全面建成小康社会、加快推进社会主义现代化的宏伟蓝图,向中国人民发出了向实现"两个一百年"奋斗目标进军的时代号召。"两个一百年"自此成为一个固定关键词,成为全国各族人民共同的奋斗目标。

2014年,习近平总书记在中央经济工作会议上的讲话中指出:扶贫工作事关全局,全党必须高度重视。要让贫困家庭的孩子都能接受公平的有质量的教育,不要让孩子输在起跑线上。2015年习近平总书记在陕甘宁革命老区脱贫致富座谈会上指出:"俗话说得好,家有良田万顷,不如薄技在身。要加强老区贫困人口职业技能培训,授之以渔,使他们都能掌握一项就业本领。"

2017年,党的十九大报告清晰擘画全面建成社会主义现代化强国的时间表、路线图。

2020年,我国全面建成小康社会,成为世界上减贫人口最多的国家,也是世界上率先完成联合国千年发展目标的国家。

2021年，建党100周年，我国实现了第一个百年奋斗目标，在中华大地上全面建成了小康社会，历史性地解决了绝对贫困问题。

第二节 技能帮扶政策的发展

一、从教育扶贫到技能帮扶

（一）教育扶贫背景下的技能帮扶

截至2014年年底，中国仍有7000多万农村贫困人口，我国扶贫工作进入啃硬骨头、攻坚拔寨的冲刺期。为确保到2020年农村贫困人口实现脱贫，2015年11月，中共中央、国务院印发《关于打赢脱贫攻坚战的决定》把精准扶贫、精准脱贫作为基本方略，开宗明义地指出，确保到2020年农村人口实现脱贫，是全面建成小康社会最艰巨的任务。在实施精准扶贫方略，加快贫困人口精准脱贫时提出：一是着力加强教育脱贫，加快实施教育扶贫工程，让贫困家庭子女都能接受公平有质量的教育，阻断贫困代际传递。二是引导劳务输出脱贫，引导企业扶贫与职业教育相结合，鼓励职业院校和技工学校招收贫困家庭子女，确保贫困家庭劳动力至少掌握一门致富技能，实现靠技能脱贫。

人力资源和社会保障部、财政部、国务院扶贫办《关于做好切实做好就业扶贫工作的指导意见》进一步明确，围绕实现精准对接、促进稳定就业的目标，通过开发岗位、劳务协作、技能培训、就业服务、权益维护等措施，帮助一批未就业贫困劳动力转移就业，帮助一批已就业贫困劳动力稳定就业，帮助一批贫困家庭未升学初、高中毕业生就读技工院校毕业后实现技能就业，带动促进1000万贫困人口脱贫。

为贯彻落实党中央、国务院关于打赢脱贫攻坚战的战略部署，人力资源社会保障部、国务院扶贫办决定，2016—2020年，在全国组织千所左右省级重点以上的技工院校开展技能脱贫千校行动，于2016年7月26日联合发布《关于开展技能脱贫千校行动的通知》，实施技能脱贫千校行动是从"授鱼"到"授渔"精准扶贫的具体举措，通知要求各级人力资源社会保障、扶贫部门要广泛发动技工院校承担技能扶贫任务，落实工作责任。

2016年11月，国务院印发《"十三五"脱贫攻坚规划》，提出加强贫困人口职业技能培训和就业服务，实施重点群体免费职业培训行动、春潮行动、返乡农民工创业培训行动、技能脱贫千校行动等专项行动。

可见，面向扶贫对象的教育扶贫更加精准聚焦技能脱贫。技能帮扶逐渐形成以技工院校为主要力量，通过技能培训和就业服务，使帮扶机制更实在、脱贫方式更有效，显示了教育扶贫的内在逻辑。

（二）探索技能帮扶的关键路径

2018年6月，中共中央、国务院发布《关于打赢脱贫攻坚战三年行动的指导意见》，提出实施技能脱贫专项行动，统筹整合各类培训资源，组织有就业培训意愿的贫困家庭劳动力参加劳动预备制培训、岗前培训、订单培训和岗位技能提升培训。推进职业教育东西协作[①]行动，实现东西部职业院校结对帮扶全覆盖，深入实施技能脱贫千校行动，支持东部地区职业院校招收对口帮扶的西部地区贫困家庭学生，帮助有在东部地区就业意愿的毕业生实现就业。在人口集中和产业发展需要的贫困地区办好一批中等职业学校（含技工学校），建设一批职业技能实习实训基地。

2019年5月，国务院办公厅印发《职业技能提升行动方案（2019—2021年）》，提出加大贫困劳动力和贫困家庭子女技能扶贫工作力度，聚焦贫困地区特别是"三区三州"等深度贫困地区，鼓励通过项目制购买服务等方式为贫困劳动力提供免费职业技能培训，并在培训期间按规定通过就业补助金给予生活费（含交通费）补贴，不断提高参训贫困人员占贫困劳动力比重。持续推进东西部扶贫协作框架下职业教育、职业技能培训帮扶和贫困村创业致富带头人培训。深入推进技能脱贫千校行动和深度贫困地区技能扶贫行动，对接受技工教育的贫困家庭学生，按规

---

① "东西协作"启动于1996年，2010年和2015年进行了2次调整。

定落实中等职业教育国家助学金和免学费等政策；对子女接受技工教育的贫困家庭，按规定给予补助。

2018年9月，人社部印发的《打赢人力资源社会保障扶贫攻坚战三年行动方案》对各地开展技能扶贫工作提出：一是实施技能脱贫专项行动。坚持就业导向，对接岗位需求信息，面向有培训需求的贫困劳动力大规模开展职业技能培训。充分发挥企业在职工技能培训中的主体作用，鼓励各地企业特别是贫困地区企业招用贫困劳动力并开展培训，鼓励建设劳动力培训基地，推进技能扶贫企业新型学徒制培训。二是深入开展技能脱贫千校行动。为有就读技工院校意愿的贫困家庭学生提供免费技工教育，为有劳动能力和培训意愿的贫困劳动力提供免费职业技能培训。指导各地确定一批重点院校和专业，建立健全结对协作和对口支援工作机制，支援深度贫困地区技工院校发展。深化校企合作，广泛组织动员，鼓励社会各界参与，共同开展精准技能扶贫。强化资金投入保障，加强教学资源支持，强化激励措施引导，加强信息管理、统计和宣传等基础工作，确保技能脱贫千校行动取得更大成效。三是增强贫困地区职业培训供给能力。培训项目向所有具备资质的培训机构开放。引导各类培训资源积极开展贫困劳动力职业培训，支持贫困地区合理增设职业培训机构和技工院校。通过多种渠道和方式援助贫困地区培训机构和技工院校改善办学条件、扩展办学规模。同时，采取双向挂职、两地培训、委托培养和支教等方式，开展师资培训和"传帮带"等活动。开发适合贫困劳动力特点的培训项目，打造适应县域经济发展，满足贫困劳动力个性化、差异化培训需求的精品课程，为贫困地区职业培训机构和技工院校免费提供多媒体培训资源支持。

人力资源社会保障部、国务院扶贫办印发的《关于开展技能脱贫千校行动的通知》提出：要坚持精准帮扶，建立技工院校电子注册和统计信息管理系统、职业培训实名制信息管理系统与建档立卡贫困人口信息系统精准比对机制，确保扶助对象精准识别。要坚持就业导向，切实帮助贫困家庭劳动者掌握一技之长，实现技能就业。要坚持就地就近原则，各地技工院校应把本地区贫困家庭劳动者作为重点教育培训对象，降低招生、宣传、服务、交通等成本，对有明确跨省对口扶贫任务的技工院校可争取本地政府相关部门资金、政策支持，做好跨地区招生工作。

技能帮扶的主要目标任务是坚持精准扶贫和就业导向，加大帮扶力度，做到"应培尽培、能培尽培"，努力实现每个有培训需求的贫困劳动力都有机会接受职业技能培训，每个有就读技工院校意愿的建档立卡贫困家庭应、往届初高中毕业未能继续升学的学生都有机会接受技工教育。

技能帮扶的主要内容包括：① 精准掌握贫困劳动力信息，广泛组织动员；② 大力开展就业技能培训，促进实现转移就业；③ 积极开展创新创业培训，培养创业带头人；④ 支持企业开展职工培训，促进稳定就业；⑤ 深入推进技工教育，加大对口帮扶力度；⑥ 做好职业技能培训结业考核和职业技能鉴定工作，促进高质量就业；⑦ 优化职业技能培训方式方法，提高培训供给能力；⑧ 加强基础能力建设，提高办学水平。

二、从扶贫帮困到助学扶智的转变

中共中央、国务院印发的《关于打赢脱贫攻坚战的决定》中关于助学政策提出：一是率先从建档立卡的家庭经济困难学生实施普通高中免除学杂费、中等职业教育免除学费；二是提高中等职业教育国家助学金资助标准。人力资源和社会保障部、国务院扶贫办《关于开展技能脱贫千校行动计划的通知》进一步明确：一是对接受技工教育的贫困家庭学生，各地要按规定落实国家助学金、免学费政策，并制定免除学生杂费、书本费、给予生活费补助的政策；二是对子女接受技工教育的农村建档立卡贫困家庭，按照每生每年3 000元的标准给予补助；三是对于承担中央确定的东西扶贫协作的省份，鼓励帮扶省市加大对受帮扶省市贫困家庭就读技工院校的学生给予生活费补助。《关于切实做好就业扶贫工作的指导意见》中再次提出，对就读技工院校的建档立卡贫困家庭学生，按规定免除学费、发放助学金、提供扶贫小额信贷等，支持其顺利完成技工教育并帮助其就业。此外，财政部、国家发展改革委、教育部、人力资源社会保障部颁布的《关于扩大中等职业教育免学费政策范围、进一步完善国家助学金制度的意见》提出，从 2012 年秋季学期起，对公办中等职业学校全日制正式学籍一二三年级在校生中所有农村学生免除学费。

广东省人力资源和社会保障厅、扶贫开发办公室《转发人力资源和社会保障部国务院扶贫办关于开展技能脱贫千校行动计划的通知》指出：一是推动每个有就读意愿的建档立卡贫困家庭应、往届贫困学生免费接受技工教育；二是对建档立卡贫困家庭子女，在原有免学费的基础上，进一步减免贫困学生的杂费；三是在享受国家助学金的基础上，进一步给予生活费补助。广东省人力资源和社会保障厅《印发关于实施技工院校"百千万"精准技能扶贫工程方案的通知》提出，有意愿入读技工院校的建档立卡贫困家庭学生实行若干优先服务：优先享受免学杂费补助，凡是贫困家庭学生国家和省免学杂费对象；优先享受助学金，凡是贫困家庭学生均纳为技校助学金对象；优先就读校企双制班，表现突出的学生优先享受企业奖学金。

深圳市政府按照国家以及广东省有关要求，进一步明确了助学政策标准：一是对就读深圳技工院校的受帮扶地区贫困家庭学生，按照培养层次及专业学费标准免除学费，最高每生每学年 6 000 元；二是按照贫困学生每学年在校时间，每月补助 300 元生活补贴；三是贫困学生住宿费减半；四是对广东省以外的贫困学生据实予以交通补贴，最高每生每年 1 600 元；五是贫困学生按比例享受国家助学金。此外，相关院校还根据实际情况，在教材费、水电费、校服费、实训服、意外保险费、医疗保险费、伙食费、临时困难补助等对贫困学生进行减免或补助，并在新型学徒制、校内勤工俭学、校企合作奖学金等方面予以倾斜。

从上述政策实施成效来看，无论国家还是地方，都高度重视对帮扶生就读技工院校的助学政策，包括学费免除、杂费减免、生活费补助等在内的各类助学政策不断丰富，支持力度也不断加大。这些助学政策实施以来，有效地帮助了帮扶生专心学习、掌握技能，有力地推动了技能扶贫千校行动计划的开展，取得了明显成效。

然而，帮扶生就读技工院校，按照不同的起点或学制，完成全日制技能教育需要 3~5 年，培养周期较长，必须有完善的助学政策体系才能支持他们完成学业。具体有如下 3 个方面的不足：一是政策实施的基本原则仍不够明确，政策导向性不足，政策实施对象上虽然明确为建档立卡、精准识别的贫困家庭学生，但各层面实施的政策无论是学杂费减免还是各类补助，均实行统一的标准，没有考虑帮扶生及其家庭的情况差异，"精准助学"仍体现不够。二是政策体系不够完善，内容较为分散，层次不够分明，既有相同政策的重复交叉，也存在政策的空白点以及操作层面的盲点，"精准施策"仍有不足。三是政策实施后的管理、监督、跟踪、评估、反馈、调整机制尚未建立，政策实施的精准程度和效果有待进一步验证，"精准管理"仍需进一步加强。

综上所述，助学政策的实施有效促进了技能帮扶政策的推进，使更多的帮扶生就读技工院校，但对于自身以及家庭实现脱贫仅仅迈出了第一步。

第三节 精准技能帮扶攻坚之路

深圳鹏城技师学院是深圳市两所公办技工院校之一，直属于深圳市人力资源和社会保障局。学校肇始于 1994 年创立的深圳市职业技能训练中心，隶属于深圳市劳动局，承担全市技能人才培养和技能鉴定任务。2000 年 1 月，被劳动和社会保障部认定为"全国重点就业训练中心"。2002 年 7 月，获教育部、劳动和社会保障部、国家经贸委联合颁发"全国职业教育先进单位"。2004 年 7 月，被共青团中央认定为"全国青年创业培训基地"。2004 年 12 月，获劳动和社会保障部颁发"国家技能人才培育突出贡献奖"。2006 年 9 月，经深圳市人民政府批准，深圳市职业技能训练中心整体转制成为深圳市技工学校。2007 年，被评为省一类技工学校。2008 年，被评为省重点技工学校。2009 年 10 月，以高分通过国家重点技工学校和高级技工学校两级连评。2019年12月，被人力资源社会保障部和财政部评为"国家级高技能人才培训基地"。2020年12月，广东省人民政府批复同意学校升格为深圳鹏城技师学院。

学校自创办以来，积极优化办学条件，坚持锐意改革创新与产教融合发展，以过硬的师资队伍，可靠的教育质量，完备的德育体系，领先的培训鉴定和特色的创新创业教育培养，引领深圳技工教育内涵发展，先后为珠江三角洲乃至粤港澳大湾区培养了60多万名高技能人才，带动了深圳市技能人才培养整体水平的提高，从而具备了广泛开展技能帮助的雄厚实力基础。

2010年至今，深圳鹏城技师学院先后面向贵州黔南和毕节、广东廉江和汕尾、湖北郧西、广西百色、江西寻乌、新疆喀什等地开展技能对口帮扶工作，共招收贵州黔南地区、广东廉江市和汕尾市、湖北郧西市和百色市等地帮扶生1 136名来深实施全日制技工教育，并以劳动力转移、师资培训、专业建设、校校合作等方式开展形式多样的帮扶工作。

一、技能帮扶主要项目

（一）广东廉江技能帮扶项目

2011年深圳鹏城技师学院开展对口技能帮扶廉江工作，并于2012年在广东廉江招收一批帮扶生，共17名。其中，男生12名，女生5名；初中毕业生15名，高中毕业生2名，分别分布于模具技术、眼视光技术、自动化应用与维护等9个专业方向。毕业生人数为13名。该批学生全部留在深圳工作。

（二）贵州黔南技能帮扶项目

2012年7月，在深圳市人力资源和社会保障局、深圳市对口支援办及黔南州扶贫局、黔南州人力资源和社会保障局的大力支持下，深圳鹏城技师学院与黔南民族医学高等专科学校（黔南州技工学校）合作培养高技能人才项目正式启动，并于 2012 年、2013 年先后招收黔南籍帮扶生 2 批，共 143 名。现 111 名学生已毕业，其中 27 名留在深圳工作，84 名回家工作，11 名自主创业。

（三）广东汕尾技能帮扶项目

2014 年 3 月，深圳鹏城技师学院与市主管部门多次赴汕尾市联系对口技能帮扶事宜，与汕尾市人社局、扶贫办等部门共同研究制订了高级技工班人才培养工作方案，并于当年启动实施汕尾地区对口帮扶高技能人才培养项目。2014—2019 年，共招收当地帮扶生 668 名。

此外，从 2015 年起，深圳鹏城技师学院还对汕尾技工学校开展支教帮扶和实训教学基地建设帮扶，2016 年更是开展支教、公职人员培训、特殊工种技能培训与技能鉴定、汕尾教师来深圳鹏城技师学院跟班培训学习等方面的帮扶举措。同时，学校还与陆丰市技工学校、海丰县中等职业技术学校开展校校合作、专业建设等方面的帮扶，并与陆丰技工学校合作开办了汽车维修、汽车钣金、电子商务 3 个专业，与海丰县职业技术学校合作开办烹饪、眼视光、电子商务 3 个专业，并长期选派多名专业教师在两校支教，进行师资培养，参与两校的专业建设、实训室建设工作。

（四）湖北郧西技能帮扶项目

2016 年 4 月，深圳鹏城技师学院赴湖北省郧西县开展对口帮扶劳务输出对接工作，承接"两后生"来深技能培养项目（见图 1-1）。经过 4 个多月的调研对接、招生宣传、测试录取工作，2016 年学校在郧西县实际招收帮扶生 51 人。为使该批郧西生安心在深学习，学校从学习、生活、思想等方面提供全程帮助，把关爱、关怀落到实处。例如，开展节假日慰问活动，为学生发放慰问金、小礼品等；在政策允许的范围内，为郧西生提供周末及寒暑假工作的机会等。到目前为止，该批学生在校学习生活平安稳定，流失率为零。

图 1-1　郧西欢送新生来深就读

（五）广西百色技能帮扶项目

2016 年，深圳鹏城技师学院与广西百色市开展对口帮扶对接工作。2017 年在百色市招生 62 名当地帮扶生来深免费就读，2018 年 83 名，2019 年 112 名。截至 2019 年，已有 257 名帮扶生被录取，主要入读汽车技术服务与营销、楼宇智能化技术等专业。2017 年 4 月，深圳鹏城技师学院与田东职业技术学校签订了《深百协作脱贫攻坚校校合作帮扶框架协议》及其工作实施方案，明确了对口帮扶工作内容、任务、时间表和项目单，将工作落到实处，将责任压到实处，在师资建设、教学管理、学生管理、德育管理、实训场地建设、技能培训、招生等方面，开展多人次多批次深度交流互访学习。

2019 年，深圳鹏城技师学院与龙岗区人力资源局、龙岗区对口办、广西百色靖西市人社局、那坡县人社局共同举办了两期广西百色"粤菜师傅"技能帮扶培训班，共培训当地建档立卡贫困劳动力 54 人，助力学员成功实现了异地转移就业和技能脱贫致富，探索了"技能培训、技能就业、技能致富"的精准脱贫之路。（见图 1-2）

图 1-2　粤桂对口帮扶

（六）新疆喀什技能帮扶项目

2017年2月，为切实贯彻广东省委省政府援建新疆、深圳市委市政府对口帮扶喀什地区的精神，深圳鹏城技师学院派遣骨干教师支教驻新疆喀什高级技工学校，并帮助该校新签校企合作企业6家，意向企业8家，新建顶岗实习基地33家，提供约1 000个顶岗实习岗位。支教教师积极参加"民族团结一家亲"活动，给当地孩子辅导功课，还承担了喀什地区师资班上课的任务；以就业为导向，深化校企合作，为促进喀什地区社会稳定和长治久安做出贡献。

二、技能帮扶主要历程

技能帮扶工作是一项具有长期性、艰巨性和复杂性的系统工程，技工院校在没有资金优势、政策优势的情况下，开展跨区域的长期技能帮扶非常不易。深圳鹏城技师学院技能帮扶工作的开展历程大致经历了启动、探索、提升以及创新4个阶段。

（一）启动阶段（2010年年初—2012年7月）

2010年，深圳市启动对口贵州黔南州、省内廉江地区帮扶工作，并将教育作为从根本上解决贫困问题的重要突破口。深圳鹏城技师学院在上级主管部门的带领和指导下，先后开展了赴广东廉江实地考察招生、接收贫困地区院校教师来校考察观摩，与贵州黔南州人社局、黔南民族医学高等专科学校建立联系并开展帮扶洽谈等工作。在对口帮扶双方政府有关部门的大力支持和学校深入调研论证的基础上，2011年学校启动对口技能帮扶工作暨对口廉江扶贫招生，2012年与黔南民族医学高等专科学校签订对口支援合作协议书并面向贵州黔南州地区招收贫困家庭学生，标志着深圳鹏城技师学院技能帮扶正式启动。

该阶段的主要特点是"政府引领、悉心论证、共同努力、大胆尝试"，对口帮扶双方的人社部门发挥了重要的桥梁和纽带作用，学校对于开展技能帮扶工作行动积极、勇担使命，在两地政府和学校的共同努力下，搭建了技能帮扶平台，使"扶贫先扶智"从理念转变成了脚踏实地的实际行动。

（二）探索阶段（2012年8月—2015年7月）

随着深圳市对口扶贫工作的不断推进，深圳鹏城技师学院的技能帮扶范围除贵州黔南州、省内廉江市外，新增了省内汕尾市。2012年11月，深圳鹏城技师学院与黔南州技工学校共同制订学生培养计划和帮扶方案，建构了"1+2"全日制教育技能帮扶合作培养机制。2013年9月，深圳鹏城技师学院在黔南州招收的贫困学子来深就读完成剩余学业。2014年6月，首批黔南州帮扶生顺利实现就业，该批学生的家庭当年全部实现技能脱贫。2015年4月，深圳鹏城技师学院与陆丰市技工学校签订对口技能帮扶联合办学协议，建构了"3+2"全日制教育技能帮扶合作培养机制。当年6月，深圳鹏城技师学院与汕尾市海丰县中等职业技术学校、海丰县实验学校、红城中学、陆安中学、梅陇中学、林伟华中学6所学校签订合作办学协议，并授予6所学校"深圳鹏城技师学院高技能人才培养后备基地"牌匾。

该阶段的主要特点是开启了技能帮扶专业化和系统化的进程，在以赛促教、以赛促学人才培养机制，帮扶生德育机制，帮扶生技能就业机制与平台，政校企合作帮扶与人才培养机制，帮扶支教机制，帮扶保障机制，帮扶生精英化培养机制等系列工作机制领域展开了卓有成效的探索，技能帮扶效应与成果逐渐产生。

（三）提升阶段（2015年8月—2018年12月）

实践证明，技能帮扶不仅仅是"单方输血"，同样可以实现"双向共赢"。在技能帮扶实践探索的基础上，深圳鹏城技师学院逐渐开辟了一条技能帮扶与学校建设双向共赢之路，并在对口帮扶广西百色市、湖北郧西市、省内汕尾市以及支教新疆喀什地区的工作中日渐成熟，工作机制日益完善。2016年1月，深圳鹏城技师学院与广西百色田东职业技术学校签订深百协作脱贫攻坚校校合作协议。2017年2月，深圳鹏城技师学院派遣骨干教师赴新疆喀什高级技工学校支教，为该校引进校企合作企业6家，新建顶岗实习基地33家。2017年4月，以引导和促进百色地区职业院校办学效益、办学理念有明显变化，学校管理水平有明显提高、教学质量有明显提升，师资队伍建设有明显进展为目标，深圳鹏城技师学院与广西田东职业技术学校进一步共同制订了《深百协作脱贫攻坚校校合作帮扶工作实施方案》和三年的活动安排计划。2017年6月，湖北郧西县政府授予深圳鹏城技师学院"精准扶贫爱心单位"荣誉称号。2018年6月，深圳鹏城技师学院培养的广西百色籍帮扶生黄承志在第45届世界技能大赛全国选拔赛木工项目中获得佳绩，入围国家集训队。

该阶段的主要特点是技能帮扶各项工作实现了系统化和精细化，尤其是在政校企三方共同商定技能帮扶方案、校校共建专业、共育师资队伍、帮扶生技能精准化和精英化培养、当地院校办学能力精准提升等方面取得突破，技能帮扶成果集中产生并取得良好社会效应，得到了政府有关部门以及社会各界的高度肯定。

（四）创新阶段（2019 年 1 月至今）

随着深圳鹏城技师学院技能帮扶机制的成熟与影响力的扩大，技能帮扶在持续帮扶广西百色市、省内汕尾市过程中不断取得新的进步与突破。2019 年 3 月，面向广西百色凌云县、环江毛南族自治县、靖西市、那坡县的被帮扶人员，深圳鹏城技师学院与深圳市龙岗区政府共同组织了"粤菜师傅"培训班。该项目采取政校企三方共建模式，三方共同制定培养方案，共同实施技能培训，共同搭建就业平台，打造"培训—就业"一条龙精准技能帮扶机制。30 多名学员通过 40 多天的全封闭式培训，全部实现技能就业，有力推动了广西百色粤菜产业的发展。在此基础上，深圳鹏城技师学院依托烹饪专业的雄厚基础，联合深圳市有关政府部门以及 100 余家企业发起了"粤菜师傅"人才培养联盟，以特色专业、特色项目建设综合配套推动精准技能帮扶，提高帮扶培养的标准化、国际化水平，发挥高技能人才培养在帮扶工作中的高端引领作用。

该阶段的主要特点是实现了技能帮扶工作从被动到主动、自发到自觉，从量变到质变的突破，实现了从帮扶学生、家庭实现技能脱贫，帮扶当地职业院校提升技能人才培养能力，到带动受帮扶地区产业建设和发展的创新发展，极大地丰富了技能帮扶工作的内涵，提升了技能帮扶工作的集约化水平。

第二章 技能帮扶研究综述与分析

根据深圳鹏城技师学院多年技能帮扶工作践履实际，本课题主要聚焦于技工院校技能帮扶的问题域。相比教育扶贫研究，技工院校技能帮扶工作的研究较为薄弱，研究成果的数量、层次均相对不足，未能充分反映实际工作成效，课题研究具有重要的现实意义。基于此，除非特别说明，本课题所称的技能帮扶研究特指技工院校技能帮扶，并非广泛意义上的技能帮扶。

第一节 理论研究综述

一、技工院校技能帮扶研究综述

据知网可查询到的参考文献记载，关于技工院校技能帮扶研究，研究者共贡献 200 余篇研究成果，实践最早可追溯到 1999 年。综合研究成果，可将技工院校技能帮扶研究划分为 2 个主要时期。其分类与特征如下：

（一）研究初探期

这一时期以各地区技工院校自主开展的技能培训扶贫工作为主，研究成果仅 30 余篇。1999 年，广东清远技工学校首次开展技能扶贫班招生，是最早的全日制技能帮扶案例。黄景容曾在《技能扶贫实践与探索》一文中，对 2002—2006 年深圳技工院校技能扶贫工作的研究中提出，每年面向贫困地区招收一个班（48~55 人），培养钟表、电梯、物业和印刷专业，主要做法是把好招生关，做到三免（学费、住宿费、水电费）、四提供（助学岗位、困难补助、师资配备、实习机会）、三加强（知识、技能、品德教育），并建立了校、政扶贫和校、政、企扶贫模式。[①] 这是比较早的提出了技能扶贫模式及助学政策的研究，部分做法对技工院校招收扶贫生有一定借鉴意义。杨学良在《山东开始实施技能扶贫计划》一文中总结了 2005 年山东省开始实施的技能扶贫计划。该省是我国最早从政府层面比较系统组织开展技能扶贫计划、明确贫困生入读技工院校助学政策的省份，主要通过政府财政补贴方式，"资助一定数量的贫困家庭学生就读技工院校，使其掌握一定的职业技能，增强其就业能力，实现'培训一人、就业一人、脱贫一户'的目标"，通过"认定承担技能扶贫任务的技工院校，审定专业设置，提供就业需求信息，疏通就业渠道"，确保

[①] 黄景容. 技能扶贫实践与探索[J]. 中国职业技术教育，2007（9）.

技能扶贫质量。①

（二）研究发展期

2012年11月，党的十八大召开，开启了中国特色社会主义建设的新时代。2013年，习近平总书记首次提出"精准扶贫"的概念，精准扶贫成为国家扶贫攻坚的基本方略。其后，精准扶贫顶层设计与政策体系不断发展与完善。这一时期的研究，以2015年中共中央、国务院发布《关于打赢脱贫攻坚战的决定》，2016年国家人社部会同国务院扶贫办联合开展技能脱贫千校行动为分界点，形成了特色的技能帮扶经验。

研究成果自2018年起呈现爆发式增长，主要以各省扶贫工作纪实、专项技能扶贫培训、扶贫典型人物案例研究为主，较少研究者开展扶贫模式系统研究；未检索到有关技能帮扶的国内外对比研究。其中，各省扶贫工作纪实研究主体从政府层面，通过对政策实施现状的描述性分析，阐明扶贫政策实施的成效，60%左右为此类研究成果；专项技能扶贫培训研究对象主要为开展建档立卡贫困劳动力职业技能培训，诸如家政服务、粤菜师傅等技能"提升+扶贫"专项技能扶贫。

在技工院校技能帮扶模式研究方面，湖南建筑高级技工学校通过立"点"、连"线"、促"面"、建"体"的立体帮扶模式，形成了一套行之有效的精准扶贫模式和范本。同时，精准扶贫对技工学校的发展增加了"内生式"动力。②其余有关技工院校开展的研究仅就政策落实方面进行了简要分析，借鉴意义较少。

二、教育扶贫研究综述

如前所述，技工院校技能帮扶属于教育扶贫的范畴，而技能帮扶模式研究可借鉴的研究成果较少。为拓宽研究思路、拓展研究视域，本课题组还对教育扶贫进行了研究。为便于比较，本课题所述的教育扶贫以

---

① 杨学良. 山东开始实施技能扶贫计划[J]. 小康生活，2005（1）.
② 陈为峰. 精准扶贫视域下技工学校"内生式"发展探究——以湖南建筑高级技工学校为例[J]. 科技创业月刊，2019（1）.

职业院校帮扶研究为主。

以职业院校为主体，贾巍等提出国内教育扶贫的研究进展与思考[1]。研究显示，与技工院校技能帮扶研究类似，从2013年开始，教育扶贫的相关研究逐步增长，2017年呈现爆发式增长，2018年的文献数量较多，教育扶贫的研究呈迅速增加的趋势。研究者以西南地区的研究者相对较多，研究者主要是采用理论思辨的方法，探讨教育扶贫的功能、价值、内涵等；其次是少量的比较研究，主要比较国际与国内的扶贫；最后是描述研究，这类研究也较少，主要采用案例分析、调查等方法开展研究。而本课题将思辨的方法与描述研究相结合，应当视为一种创新。

在职业教育扶贫的模式与对策研究方面，部分研究提出职业教育扶贫的机制、路径或策略，例如：游明伦等提出职业教育的扶贫机制[2]，朱爱国从招生制度改革、资助政策、教学改革、技能培训、创新创业教育等方面提出了职业教育扶贫的策略[3]。另有部分研究提出教育扶贫模式，例如：朱德全总结了"双证式"农村教育扶贫模式[4]，范涌峰等人总结了政府、非营利性组织、学校"三位一体"的教育扶贫模式[5]。但由于职业院校与技工院校在招生对象、招生方式、教学管理模式之间有较大不同，相关研究仅能提供研究范式的借鉴，对于技能帮扶尤其是技工院校的技能帮扶实践指导意义较小。

第二节 精准技能帮扶探讨

多年来，随着国家帮扶事业的发展，政府、社会、学界积累的研究

---

[1] 贾巍，尹欣妍. 国内教育扶贫的研究进展与思考[J]. 教育教学论坛，2020（2）.
[2] 游明伦，侯长林. 职业教育扶贫机制：设计框架与发展思考[J]. 职教论坛，2013（30）.
[3] 朱爱国，李宁. 职业教育精准扶贫策略探究[J]. 职教论坛，2016（1）.
[4] 朱德全."双证式"教育扶贫振兴行动研究[J]. 中国教育学刊，2005（11）.
[5] 范涌峰，陈夫义."三位一体"教育扶贫模式的构建与实施[J]. 教育理论与实践，2017（10）.

成果相当丰富。关于技能帮扶的定位，既属于精准扶贫"五个一批"中发展教育脱贫的范畴，同时也属于转移就业扶贫的范畴，是贫困劳动力通过实施技能职业教育训练，提高从事生产活动技能，从而摆脱贫困、实现脱贫。因此，准确把握精准扶贫的深刻内涵，对理解精准技能扶贫，有效实施技能帮扶尤为重要。

一、精准扶贫的提出

精准扶贫于 2013 年 11 月由习近平总书记在湖南湘西花垣县十八洞村考察时提出，指出扶贫开发"贵在精准，重在精准，成败之举在于精准"。2013 年年底，中共中央办公厅、国务院办公厅印发《关于创新机制扎实推进农村扶贫开发工作的意见》，对精准扶贫战略和相关政策体系进行了顶层设计，精准扶贫的含义逐步延伸、拓展。2015 年 6 月，习近平总书记又提出了"六个精准"：扶贫对象要精准、项目安排要精准、资金使用要精准、措施到位要精准、因村派人要精准、脱贫成效要精准。这一思想是基于近年来中国不少地方的粗放式扶贫，没有顾及实际扶贫对象的切实生活需要提出的，是指针对不同贫困区域环境、不同贫困农户状况，运用科学有效程序对扶贫对象实施精确识别、精确帮扶、精确管理的治贫方式。

截至 2014 年年底，中国仍有 7 000 多万农村贫困人口，我国扶贫开发已进入啃硬骨头、攻坚拔寨的冲刺期。为确保到 2020 年农村贫困人口实现脱贫，中共中央、国务院于 2015 年 11 月 29 日颁布《中共中央国务院关于打赢脱贫攻坚战的决定》，把精准扶贫、精准脱贫作为基本方略，并指出，加大职业技能提升计划和贫困户教育培训工程实施力度，引导企业扶贫与职业教育相结合，鼓励职业院校和技工学校招收贫困家庭子女，确保贫困家庭劳动力至少掌握一门致富技能，实现靠技能脱贫。

为贯彻落实党中央、国务院关于打赢脱贫攻坚战的战略部署，人力资源社会保障部、国务院扶贫办决定，2016—2020 年，在全国组织千所左右省级重点以上的技工院校开展技能脱贫千校行动，并于 2016 年 7 月

26日联合发布《关于开展技能脱贫千校行动的通知》。实施技能脱贫千校行动是从"授鱼"到"授渔"精准扶贫的具体举措，通知要求各级人力资源社会保障、扶贫部门要广泛发动技工院校承担技能扶贫任务，落实工作责任。

二、精准技能帮扶的认识

鉴于技能帮扶具有教育扶贫与就业扶贫的双重属性，作为技能教育、就业培训的主要承担者与践行者，技工院校也成为开展技能帮扶的重要力量，产生了良好的实施成效，并形成了基于教育扶贫背景下独具特色的技能帮扶做法与经验。

（一）3个准确把握

一是准确把握"精准扶贫"的认识。技能扶贫的对象主要为贫困劳动力，在扶贫对象、安排、措施、成效等方面实现靶向发力、精准扶贫。消除因学致贫问题是教育扶贫的主要目的，以精准助学实施为突破口，根据不同贫困家庭及学生的情况，以及不同贫困地区情况的差别，实施精确识别、精确帮扶、精确管理，以提升助学政策的精准程度，提高实施成效，是对精准技能扶贫的深化。

二是准确把握"教育扶贫"的属性。关于这一概念，在2016年11月23日国务院印发《"十三五"脱贫攻坚规划》中特别明确："教育扶贫，主要从基础教育、职业教育和降低贫困家庭就学负担等方面，提出了一系列行动计划和措施，不断提升贫困人口综合素质和就业技能，逐步消除因学致贫问题，阻断贫困代际传递。"由此可见，技能帮扶属于教育扶贫的范畴，具有职业教育的属性，强调并突出技能培养、就业导向。

三是准确把握"合理适度"的原则。将有关帮扶政策区分不同的层级和类别，分别制定相应的措施，明确不同层级、不同类别资助的目的及其用途。不同的层级和类别的政策各有侧重，为避免重复交叉，要构建层级分明、类别清晰、相互配合、形成合力的技能帮扶政策体系。合理适度即帮扶措施既能够合理帮助帮扶生完成就读技工院校期间的技能学习，防止帮扶生因贫辍学、因学致贫，同时也不宜大包大揽，过度资助，避免帮扶生产生"等、靠、要"的心态，导致人生观和价值观偏差。共同分担即帮扶生就读技工院校期间的费用由政府、社会、学校、个人四方共同分担。政府、学校在承担主要资助责任的同时，应鼓励社会各界以多种形式积极参与助学行动，并且创造勤工俭学条件使学生获得适当报酬以完成学业，从而形成多元化助学的局面。

（二）技能帮扶精准性探讨

一是技能帮扶对象的精准。深圳鹏城技师学院对帮扶生的技能帮扶有两类群体，一类是帮扶地区转移至深圳或其他地区就业的劳动力，另一类是从帮扶地区招收的学生。前者为上岗就业前由学校实施技能培训，后者是招收录取后来深在校实施全日制技能教育。两者均来自建档立卡贫困户，而且均具体至帮扶人员个体，因而实现了帮扶对象的精准性。

二是技能帮扶项目的精准。帮扶项目精准标准体现在 4 个方面：是否符合帮扶对象需求、是否符合当地的经济社会发展、是否符合市场规律、是否具有良好成效。对照前述标准分析，技能帮扶接收的对象首先需具备个人意愿，是否接受技能培训或教育，接受何种技能培训或专业教育，学校均尊重其个人选择，完全是受帮扶人员个人意向的真实反映。技能培训或教育实施的地区，多为经济社会发展相对落后，就业岗位不足，生态环境敏感、承载能力弱，不适宜生存发展的区域，通过培训教育，实现劳动力转移，不失为保护区域生态环境、改善帮扶人员生存发展之举。劳动力接受培训教育后，通过与就业地区、企业的双向选择，以就业市场的方式安排劳动力，实现人力资源配置、薪酬调节的市场化，符合市场规律。

三是技能帮扶资金的精准。实施技能帮扶的资金，有明确的项目安排，实行专款专用，并有严格的监督管理。如帮扶生的资助，免学费、奖学金、生活补贴等，均有明确的资金用途和使用范围，需要各级审批、公示及签领，资金使用落实到人头账户，确保了帮扶资金的严格、规范、精准。

　　四是技能帮扶成效的精准。技能帮扶在对象、项目、资金上的精准操作，决定了其成效的精准性。从跟踪调查来看，劳动力转移至深圳后，均能实现现行标准下脱贫，做到了"培训一人、转移一人、脱贫一户"。符合帮扶成效考核的 4 项考核内容：精准识别、精准帮扶、精准使用和精准效益。

第三章　技能帮扶主要模式和典型案例

贫困现象多种多样，贫困原因错综复杂，为确保帮扶工作扶到点上、帮到根上，贯彻落实精准帮扶的要求，技能帮扶模式的设计与选择尤为重要。需着重解决好"扶持谁"，即与谁合作实施技能帮扶；"怎么扶"，即如何落实技能帮扶；"扶什么"，即技能帮扶如何对症"扶智、扶技、扶志" 3 大问题，从而为构建帮扶模式奠定基础。

深圳鹏城技师学院对口帮扶地区实施技能帮扶的过程中，探索了帮扶合作、帮扶保障、精准三扶 3 种模式。其中，帮扶合作模式包括政校合作、校校合作、校企合作 3 种合作，涉及师资培训、专业建设、鉴定能力和技能培训帮扶。帮扶保障包括思想、组织、管理、资金、学业、政策等 6 个方面的保障。精准三扶包括精准扶智、精准扶技和精准扶志。3 种模式之间既相互独立，又相互促进。帮扶合作是开展帮扶工作的前提，帮扶保障是帮扶工作的基础，精准三扶模式是帮扶工作的中心；帮扶合作模式决定了帮扶保障与精准三扶的主要内容，帮扶保障又确保了帮扶合作和精准三扶质量，精准三扶是帮扶合作和帮扶保障的落脚点。三者的关系可以用图 3-1 的树状图来归纳。树干即技能帮扶的主线，树冠即技能帮扶的 3 种模式，分为 3 个层次，居于中心的是精准三扶，保障模式次之，最外围的是合作模式。通过上述技能帮扶，达到带动当地职业教育水平提升，以及当地相关产业发展的目标。

图 3-1　技能帮扶模式

第一节 构建帮扶合作模式

一、主要合作形式

（一）政校合作

政校合作是开展技能帮扶的基本路径和重要保障。如前章节所述，精准帮扶反映了我国帮扶工作从粗放式、泛化式开展向系统性、精准性实施的变化。其重要特征是系统性的组织，充分发挥了中国特色社会主义制度的优越性，强化了组织保障。政校合作既包括学校与对口帮扶地区有关政府部门的合作，也包括学校与学校辖区所在地有关政府部门的技能帮扶协作。政校合作反映了新时代帮扶工作的特征，即学校开展的技能帮扶工作统一于党委和政府的部署当中，帮扶任务由政府布置、学校具体落实，学校在统一的组织下充分发挥能动性和专业优势，与当地政府开展合作，即"政府搭台、学校唱戏"。合作内容主要体现为"八共同"。

一是共同搭建合作关系，即学校在辖区所在地有关政府部门的组织和协助下与对口帮扶地区有关政府部门建立技能帮扶关系。例如在深圳鹏城技师学院对口帮扶广西百色地区的过程中，学校首先就在主管部门和帮扶工作组的组织协助下与广西百色市田东县政府签订了《深百合作扶贫攻坚框架协议》（见图3-2）。再如，学校对口帮扶广东汕尾地区项目，则来自广东省人民政府搭台的"对口帮扶山区洽谈会"（见图3-3）。在省政府的统一安排下，深圳市人力资源和社会保障局与汕尾市人力资源和社会保障局签订了合作框架协议。根据协议，在两地人力资源社会保障部门的共同组织下，学校再与当地签订技能合作帮扶协议，开展技能对口帮扶工作。政校合作，为深圳鹏城技师学院异地技能帮扶奠定了坚实的基础。

图 3-2 学校与广西百色市田东县政府签订了《深百合作扶贫攻坚框架协议》

二是共同制定技能帮扶政策。即政府作为技能帮扶政策的制定者和主导者，学校作为政策制定的建议者和参与者，根据技能帮扶的实际情况，共同拟定相关政策。例如深圳鹏城技师学院根据技能帮扶的人才培养需求与帮扶生在校学习、生活的实际情况，为政府部门核算帮扶生人均帮扶标准提供了科学依据。深圳市扶贫合作部门在此基础上出台了技能帮扶的有关支持政策，为技能帮扶工作的可持续发展提供了政策保障。此外，在广东省的相关技能帮扶政策，广西地区相关产业政策、教育政策、帮扶政策的制定过程中，学校均发挥了积极的建言献策作用。

图 3-3 2017 年开展汕尾对口帮扶对接工作

三是共同制定帮扶方案，即学校与对口帮扶地区有关部门共同就技能帮扶工作的目标、方式、工作机制等达成共识，在得到学校主管部门认可的基础上，以协议方式确定技能帮扶的工作内容。多年来，学校先后与贵州黔南、毕节，广东陆丰、海丰，广西田东、靖西等地共同制定了技能帮扶工作方案，为明确帮扶目标、内容、步骤、安排等，扎实推进帮扶工作起到了重要作用。

四是共同开展技能帮扶招生，即在学校面向对口帮扶地区开展招生过程中，学校与对口帮扶地区有关政府部门分工合作，政府搭建招生渠道和审核招收学生的资质，学校负责开展政策宣传和学生招录，各负其责，确保精准施策、精准到户、精准到人。（见图3-4~图3-7）

图 3-4 对口郧西招生工作宣讲会

图 3-5 对口帮扶百色市（那坡）高级技工班招生工作推介会

图 3-6　对口帮扶汕尾生源学校招生宣讲

图 3-7　对口帮扶靖西市招生宣传推介会

五是共同培育技能人才，即对口帮扶地区有关政府部门根据当地产业结构和人才需求为学校人才培养提供参考意见，学生根据当地人才需求及个人意愿报读学校有关专业，学校负责帮扶生的全面培养。政府制定并提供相应辅助政策并跟踪学生培养过程，使学生能够学有所用、学有所长并实现技能脱贫，确保学生培养质量和技能帮扶质量。

六是共同组织特色培训项目，即学校根据辖区所在地的特色产业政策与有关政府部门以及对口帮扶地区有关政府部门合作开展特色培训项目，带动对口帮扶地区相关产业的发展及技能人才的培养。例如，深圳鹏城技师学院在深入推进广东省"粤菜师傅"工程过程中，与深圳市龙岗区，广西百色的靖西市、那坡县等政府部门合作，共同开展了"粤菜师傅"培训项目，打通了"特色培训、精准就业"的技能帮扶高效通道，通过两地三方共同参与，形成劳动力输出、技能培训、转移就业、就业跟踪服务形成完整的链条，取得良好的效果。

七是共同促进技能就业。即通过政府部门制定相关技能就业、创业、创新等扶持政策，学校加强对帮扶生技能培养及就业、创业、创新能力培养，政校双方联合组织企业开展双向选择招聘会等方式，共同促进帮扶生技能就业，实现技能脱贫。

八是共同评价技能帮扶成效，实行双向多维评价（见图 3-8）。一方面由学校不定期通报技能帮扶情况，对口帮扶地区有关政府部门与学校所在辖区有关政府部门对学校技能帮扶成效、帮扶生在校学业情况及毕业后的技能脱贫情况等有关情况进行全面评价。另一方面由政府部门安排年度考核，对学校技能帮扶工作对照计划、指标要求，评价完成情况及实施效果，共同检视技能帮扶工作，双向反馈帮扶效果，确保工作任务完成，提升技能帮扶质量。

图 3-8　学校赴凌云县对口帮扶招生回访座谈会

（二）校校合作

校校合作是开展技能帮扶的重要平台和提高对口帮扶地区技能人才培养能力的可靠途径。深圳鹏城技师学院在技能帮扶过程中，不仅与贵州黔南州高等医学专科学校、黔南州技工学校、广西田东职业技术学校、广东陆丰市技工学校、海丰县职业技术学校等职业院校建立了深度合作帮扶关系，还与一大批对口帮扶地区的中学建立了技能帮扶招生合作关系。校校合作以其合作的直接性、靶向的精准性有力地提升了受帮扶学校乃至受帮扶地区的技能人才培养水平和能力，变"输血式"为"造血式"，使技能帮扶的可持续性、长效性大大增强。校校合作技能帮扶的工作内容主要体现为"七共同"。

一是共搭技能帮扶平台，即学校与对口帮扶地区的职业院校合作共同搭建技能帮扶平台，作为技能帮扶工作的对接平台和实施基地。例如，深圳鹏城技师学院在对口帮扶贵州黔南州地区技能帮扶工作中，与黔南州高等医学专科学校、黔南州技工学校签订了合作技能帮扶协议；对口帮扶广西百色地区技能帮扶工作过程中，与广西田东县职业技术学校签订了《深百合作扶贫攻坚实施细则》。此外，学校还与陆丰市技工学校、海丰县职业技术学校等签订了合作办学协议。

二是共定帮扶目标，即合作双方根据各自实际情况，共同商定技能帮扶目标。这些目标既包括人才培养目标，也包括学校办学水平提升目标。例如，深圳鹏城技师学院与贵州黔南州的合作帮扶目标定位为"培训一人、就业一人、脱贫一户"，与广西百色地区的合作帮扶目标定位为"上学一人、带富一家"；在提升办学水平的目标方面，则包括提升管理水平、教学水平、师资水平、专业建设水平等多个方面。

三是共创技能帮扶人才培养模式，即合作双方根据当地教育政策及办学需求，共同商定人才培养的机制和模式。例如，先后与黔南州技工学校共创"1+2"人才培养模式，与陆丰市技工学校共创"2+3"人才培养模式，与海丰县中等职业技术学校共创"3+2"人才培养模式等。

上述模式体现了校校合作的灵活性，因地制宜、结合实际，不拘泥于一种模式与机制，因时、势、地，灵活合作，实事求是、务求实效。

【案例故事 3-1】"授渔造血"专业帮扶

◆ 黔南"1+2"合作培养模式

2012年深圳鹏城技师学院技响应市委市政府关于对口支援贵州省黔南州的工作精神，认真落实市人力资源保障局技能服务民生的工作部署，服务西部山区贫困家庭子女就学，以"培训一人、就业一人、脱贫一户"为教育帮扶目标，与黔南州技工学校（以下简称黔南技校）签订合作协议，坚持"技能帮扶，智力帮扶"工作思路，并拟定了"1+2"的培养模式。即深圳鹏城技师学院在黔南技校设立教学点，学生第一年在当地学习，第二、三年在深圳学习，黔南学子可享受学费全免、积分入户深圳、优先推荐就业等多项优惠政策支持。

另外，为了使各项帮扶工作能够落到实处，深圳鹏城技师学院与黔南技校开展三项合作。一是人才培养合作，结合当地社会、学生等实际情况，两校共同制订了完整的教学计划与人才培养方案，确保了人才培养活动的有序性。二是师资培养合作，学校克服人员紧张的困难，在全校范围内择优选拔了优秀教职员工，组成工作组奔赴黔南支教。学校在派遣优秀教师赴黔南支教，以身示范，带动当地师资队伍建设的同时，接收数十名黔南州技工学校教师来校学习深造，提高黔南教师的教育教学水平。三是专业建设合作，学校与黔南技校已经共建了医药营销、车身修复、汽车维修等3个专业。不仅如此，学校克服办学经费紧张的困难，组织全校教职工捐钱捐物捐书籍，在黔南州教学点设立图书室，也帮助黔南合作班学生建立了先进的电脑、汽修等专业实训室。

深圳鹏城技师学院于2012年、2013年先后招收黔南籍帮扶生2批，共143名学生。有的学生家里特别困难，免学费后上学的生活费仍是问题，为此学校为这些特困生申请困难补助，在校学习期间有13%的学生可享受每生每年3 000元的助学金、优先安排特困生勤工俭学等。2014年，学校组织教职工为黔南学生募集41 000元爱心餐券；联系中国联通深圳福田分公司向帮扶生赠送电话卡和手机，尽可能地减少学生生活负担，让其全身心投入学习。韦同学家庭经济困难，父母在大山里以种田为生，妈妈患病在身，使这个本就贫困的家庭雪上加霜。为了让韦同学能够继续完成学业，学校老师主动资助了该同学在校期间的所有生活费。

2012年、2013年招收的143名黔南帮扶生经过专业化、系统化、职业化的技能教育和严格的考核后，111名学生已毕业，其中留在深圳工作的27名，回家工作的84名，自主创业的11名。其中，2位帮扶生毕业后分别在罗甸中等职业学校、桂林交通学校汽车专业任教，投身当地高技能人才培养工作，进一步扩大了帮扶效应。帮扶生杨同学毕业后在贵州贵阳先后开办了两个汽车修理厂，月营业额达20余万元；李同学等4名帮扶生自主创业，在深圳开起了黔南生态农产品专营店，带动家乡一起致富。

深圳鹏城技师学院与黔南技校的合作，变单纯的"输血"为"输血与造血并重"，帮助黔南技校迅速完成筹建，加快了建设过程，在短时间内提升了办学质量和水平，给更多的山区孩子创造了接受技能教育的机会。这一举措不仅实现了东部支援西部的战略目标，同时整合了东西部优势共同支援服务民生，有效提升了农村劳动力素质，推进了农村劳动力有序转移，点燃了少数民族贫困家庭脱贫致富希望之灯。

◆ 汕尾陆丰"2+3"合作培养模式

"2+3"合作培养模式即3年中技与2年高技相衔接，学生通过5年的学习取得高级技工职业资格证和高级技工毕业证。

2014年3月，深圳鹏城技师学院与市主管部门多次赴汕尾市联系对口技能帮扶事宜，并与汕尾市人社局、扶贫办等部门共同研究制订了高级技工班人才培养工作方案，并于当年启动在汕尾地区实施对口帮扶高技能人才培养项目。2015年起，深圳鹏城技师学院还对汕尾技工学校开展支教帮扶和实训教学基地建设进行帮扶，2016年更是开展支教、公职人员培训、特殊工种技能培训与技能鉴定、汕尾方教师来深跟班培训学习等方面的技能帮扶。学校还与陆丰技工学校、海丰县中等职业技术学校开展校校合作、专业帮扶建设等方面的帮扶。

2016年至今，学校在有限的办学经费中专门挤出资金支持帮扶地区学校发展，共同建设实训室。向陆丰、海丰两所学校在内的汕尾地区学校设立专项经费以用于学生管理、社团活动、技能竞赛、支教补助等，捐赠实训设备、电脑、教学设备、生活物资，购买耗材等近百万元，助力汕尾地区学校教育事业发展，不断提升当地办学水平，用实际行动支持国家精准帮扶工作，激发帮扶地区内生动力。陆丰学子来深后，学校通过优先勤工助学、免学费、享受各类助学金、减免教材费、发放临时困难补贴、住宿补贴、伙食补贴、交通补贴等形式，不遗余力切实解决帮扶学生实际生活困难。

综上所述的两种模式符合当地经济社会与学生家庭基本情况，符合深圳所能、当地所需，其成效得到了当地政府的高度肯定，更得到了学生及学生家长的充分认可。

四是共建工作机制，即合作双方共同商定技能帮扶工作机制，包括工作对象、工作时间、实施步骤、工作方式等。例如，在对贵州黔南州的技能帮扶工作中，合作双方将技能帮扶对象定位为高中毕业生，开展三年制学制教育；在对广东汕尾地区的技能帮扶工作中，合作双方将技能帮扶对象定位为初中、中职毕业生等，开展五年制学制教育。

五是共同开展招生帮扶工作，即在合作期间，合作双方共同组织力量开展帮扶生招生工作，包括共同开展招生宣传、共同开展帮扶生家庭走访、共同开展招生测试等，共同确保招生工作的顺利开展。按照培养目标和计划，所招学生优先安排入读校企合作程度较深的定向培养班或企业合作开办的新型学徒制专业班，学生毕业后根据其意愿推荐安排就业。

六是共同培养技能人才。共同制定人才培养方案，构建中职与高技衔接课程体系，围绕人才培养目标，共同研究中职阶段和高技阶段的课程结构与内容，推进专业课程体系和教材的有机衔接，完善教学管理与评价，推行"双证书"制度。例如，在与黔南州技工学校的"1+2"人才培养模式中，帮扶生入学第一年在黔南就读，第二、三年在深圳鹏城技师学院就读；与陆丰市技工学校的"2+3"人才培养模式中，帮扶生入学第一、二年在陆丰就读,第三、四、五年来在深圳鹏城技师学院就读;与海丰县中等职业技术学校的"3+2"人才培养模式中,帮扶生入学第一、二、三年在海丰就读,第四、五年在深圳鹏城技师学院就读。

七是共同开展技能人才评价,即合作双方根据技能人才培养情况,共同对帮扶生的学业开展考核和评价工作,并颁发学校毕业证书。例如,在与陆丰合作办学的过程中,帮扶生在双方学校的学业考核中合格,可以分别获得两所学校的毕业证书。

(三)校企合作

校企合作是技能帮扶工作的重要助力,尤其在帮助帮扶生实现技能就业方面发挥了重要作用。校企合作在技能帮扶工作中的积极作用主要体现在以下几个方面:

一是合作招生,即企业参与学校技能帮扶招生工作,为开展校企双制、新型学徒制人才培养奠定基础。例如,深圳鹏城技师学院在实施新型学徒制人才培养过程中,博士眼镜等企业积极参与赴对口帮扶地区招生的活动。

二是合作人才培养,主要包括两种方式:一种方式即直接参与人才培养的方式,企业采取冠名班、订单培养、校企双制等方式,与学校共同开展人才培养活动,并在甄选学生过程中向帮扶生倾斜,助力技能帮扶;另一种方式即间接参与人才培养的方式,企业通过派遣专家参与学校课程开发、专业建设等方式,为学校科学制定人才培养方案、优化课程教学等提供帮助,使帮扶生在技能学习中受益。

三是合作就业,即校企双方共同为帮扶生就业提供帮助。学校通过组织企业来校招聘、与企业共同建立实习基地等方式为学生开通就业"绿色通道",并优先推荐帮扶生就业,企业优先招录帮扶生上岗(见图3-9)。例如,深圳鹏城技师学院烹饪专业合作企业自2017年起,每年为帮扶生提供周末工、暑期工、寒假工等数百个兼职岗位。一方面,学生利用课余时间能够有效开展社会实践;另一方面,通过兼职工作,学生也能够获得一定的劳动报酬,解决日常生活开支问题。

四是提供学习用品，即企业通过提供学习用品的方式直接帮助帮扶生改善学习条件。

五是提供奖学金，即企业向品学兼优的帮扶生直接提供奖学金，鼓励帮扶生努力学习并顺利完成学业。例如：学校 2016 级智能楼宇专业 J4 班是电气技术系首届预备技师班，也是首届深华建设（深圳）股份有限公司冠名班。2018—2019 学年，深华建设为了表彰优秀学生、树立榜样，为校企双方搭建深度合作平台，先后两次为 2016 级智能楼宇专业 J4 冠名班颁发企业奖学金。该班级 5 名奖学金获得者均为广西郧西籍学子，颁发奖学金总额达 7 400 元。在校企合作共育栋梁的大环境下，广西郧西籍学子不忘初衷、坚定地走技能成才之路。

图 3-9　郧西劳务输出对接现场招聘会现场

二、合作帮扶内容

（一）专业建设帮扶

专业建设是校校结对帮扶工作的重要内容，是综合提升对口帮扶地区技能人才培养能力的支撑点。深圳鹏城技师学院在对口帮扶专业建设的过程中，不仅对结对帮扶院校有关专业的实训室建设、课程体系搭建、师资队伍培养、教学管理等进行全方位的帮扶，还实施了 3 大特色举措，取得了显著效果：一是校校共建专业。以陆丰技工学校为例，自开展对口帮扶工作起，两校共建了汽车维修、钣金与涂装专业。不到 3 年，该校在校生规模已由 200 余人发展到现在的 600 余人。二是设置教学点。以黔南州技工学校为例，学校在与黔南州技工学校合作办学的基础上，设立教学点，通过派遣优秀教师与管理人员，将深圳先进的专业技术、教学管理与学生管理经验输送黔南，切实促进了当地技能人才培养和技工学校办学能力的提高。三是适度经济支援。在学校紧张的办学经费中，挤出经费从人、财、物等方面给予支持，先后为学校黔南州教学点配置教学设备，建立图书室、电脑室，还设立专项经费用于学生管理、社团活动、勤工俭学、支教补助等，改善了黔南州技工教育专业建设的基础设施状况，增强了技工教育在当地的吸引力，受到了当地学生与合作学校的普遍欢迎。

【案例故事 3-2】专业帮建立的"专业户"

深圳鹏城技师学院汽车技术学院是响当当的专业团队，汽车维修、车身修复、汽车服务营销 3 个核心骨干专业均参与了帮扶工作。在专业帮扶方面，该院系制订了详尽的精准帮扶计划，主要包括 5 个方面。

一是为支教学校量身定制符合实际的教学目标和方案，采用不同学制形式，全程或分阶段将帮扶地区学生整体导入深圳鹏城技师学院学习。

二是教师直接到支教点展开教学工作，并展开教法示范活动。全系直接到帮扶点长期工作的老师 18 名，占全系专业教师的 65%。

三是帮扶学校专业教师来汽车技术学院进修，先后培训对口帮扶学校教师 30 余名。

四是帮助帮扶学校进行专业课程规划，先后建设了汽车维修、车身修复 2 个专业课题体系。

五是帮助帮扶学校进行专业实训室建设，先后在黔南州、陆丰技校建设实训室。

（二）师资培养帮扶

对口帮扶地区职业教育普遍存在师资总体数量不够、青年教师偏少以及双师型教师偏少、教师队伍整体能力有待提升的问题。针对这些问题，深圳鹏城技师学院主要采取了以下措施：

一是上门送教。为确保对口帮扶地区所招收学生的培养质量，学校安排优秀教师任教，派遣全国技术能手、深圳地方级领军人才、专业骨干强师近 20 人次前往各地区开展教学工作。他们离开家庭常驻帮扶学校，帮助当地学校提升技能教育水平，培养高技能人才，并参与到相应专业的教研、课程改革以及教学、管理等工作当中，助力帮扶地区技工教育事业发展，加速地方教育脱贫攻坚进程。

二是开展师资进修培训。在帮扶广西百色田东职业技术学校的过程中，两校共同拟定师资培训计划。田东职业技术学校派出骨干教师到深圳鹏城技师学院，通过跟班教学、观摩教学等多种形式，为该校培养专业师资。

三是建立"手拉手"机制。由深圳鹏城技师学院名师、学科带头人、骨干教师等与对口帮扶院校建立一对一的帮扶关系，通过互相交流教学经验、共同备课、开展公开课教学等活动，促进教师教学能力的提高。

四是双向交流。在与田东职业技术学校结对帮扶工作中，采取双向教师交流听课、教学研讨培训、活动交流、名师示范、专家指导等方式，共交流培训教师 133 人次，从而提升当地教师教学能力。学校还先后为黔南州技工学校培养 20 余名专业教师。

五是共同推动工学一体化教学改革。帮助结对帮扶院校引进德国"双元制"人才培养理念，开展工学一体化课程建设及相关教学制度配套改革，并协助结对帮扶院校组织专家访谈会、开发课程标准、编写教学工作页、改革教学方法，推动以教师和课堂为中心的传统教学方式，向以学生和综合职业能力培养为中心的工学一体化教学过渡。

六是共同开展教科研合作。不定期组织教研交流活动，合作开展课题研究、课程教学、教材编写、教学标准开发等研讨。

七是共同开展教研项目申报与研究，定期交流课题研究成果，共建科技创新服务平台，围绕项目合作、成果转化，建设技术创新服务平台，促进产教研结合，积极实现教研成果转化，服务经济建设。

八是提升竞赛水平。选派优秀指导教师前往结对帮扶院校，帮助制定技能竞赛选手选拔与训练方案、指导学生竞赛训练，或接收结对帮扶院校的竞赛选手与指导教师到校参加学习、训练，提升结对帮扶院校技能竞赛的组织与实训能力。

九是组织教师企业实践。由对口帮扶院校派出重点专业教师到深圳鹏城技师学院校企合作企业，参加企业生产实践，提高重点专业教师的实际技能及实践工作经验。

【案例故事3-3】受帮扶的老师们

"以前学校经常为师资力量发愁。现在通过深圳鹏城技师学院的帮助、教师的示范帮教，让这里的青年教师可以接过'接力棒'，我们都真真切切地感受到了深圳鹏城技师学院的帮扶工作对田东职校的内涵建设以及教学管理带来的莫大帮助。"广西田东职校相关负责人表示。

广西百色田东职业技术学校的何老师在2017年9月至12月来到深圳鹏城技师学院先进制造学院进修学习，学院安排了指定的专业教师对何老师的生活、学习进行全程帮扶。在短短的3个月学习中，何老师积极参与学院的教研活动，聆听了10多位专业教师的授课，承担了一次全校公开课；主动申请担任见习班主任；多次参与了校内大型活动的评委工作；协助学生参加多次校校、校社的技能竞赛，从中学习到了这种比赛模式；跟随院校领导、实习指导教师多次到知名合作企业如华星光电、比亚迪、富士康和飞亚达等进行参观交流并看望实习生；在课余时间积极参加学校讲座，如"加强教学管理，提高办学质量""教师教学能力提升培训之构建高效课堂"等专题讲座；观摩了"2017深圳好讲师教学设计及实施总决赛"。何老师表示"我特别感谢深圳鹏城技师学院，是它给了我不断前行的力量。经过3个月的学习，我受益匪浅，感触颇多，同时深刻认识到这份职业的精辟之处，在很大程度上开阔了我的眼界、增强了自我的业务潜力，认清了自身与深圳鹏城技师学院的老师们所存在的差距。这 3 个月的学习不是白学的，我回田东后一定会把我的经验传授给更多田东老师！"

广西百色田东职业技术学校的李老师于 2017 年 9 月至 12 月来到深圳鹏城技师学院智能技术学院进行为期 3 个月的进修培训。为了让李老师能够尽快融入深圳鹏城技师学院这个大家庭，电气技术系专门制定了培养计划和方案，成立工作小组，安排了教学经验丰富的专业教师作为指导老师。通过听课辅课学习、承担公开课、参与实训室管理、参与技能竞赛的训练、学生会和分团委工作、担任见习班主任、走访行业企业等一系列工作，李老师对教学、专业建设、学生管理、校企合作有了全面系统的认识。李老师说："3 个月的学习交流让我终生难忘，我必定会把深圳鹏城技师学院先进的学生管理经验、教学管理经验、实训管理经验带回田东职校。"

广西百色田东职业技术学校赵老师于 2018 年 3 月进入深圳鹏城技师学院汽车技术学院进行为期 3 个月的学习，先后跟随专业老师进修汽车电器维修课程，学习了工学一体化教学方式、微课制作、PPT 动画制作、教案编写等教学内容，并且举办了全校公开课，得到了听课老师的一致好评。赵老师表示，在学院学到了一体化教学的精髓，得到了很多优秀教师的指导和经验分享，在 3 个月的学习进修时间里收获极大，也将把成果带回田东职校，分享给更多的老师，让田东学子能够受益。

2016 年，黔南州民族高等医学专科学校选派了 17 名教师来深圳鹏城技师学院汽车技术学院参加为期 2 个月的进修。在生活上，学校为黔南州的老师安排了食宿，安排学校中层干部和 2 位专业教师担任班主任，全面指导并负责学员的学习生活；在培训课程上，学校进行了全面摸底后量体裁衣，制定了符合黔南州老师的具有一定特色的教学计划，汽车系全系骨干教师及辅助教师共计 15 名参加了授课和辅导；在技能学习上，要求黔南州老师与深圳鹏城技师学院老师通过技能节的技能竞赛同台竞技。每一位进修的黔南州老师都表示，这是难得的机会，必须要争分夺秒，争取更多宝贵的学习交流时间，并且下了军令状要求自己在 2 个月的学习结束后能达到汽车维修中级工水平。

学校深度智力帮扶，使帮扶成果由"一次性受益"转化为当地群众"长期性受益"，为当地培养了一支教学能力过硬的"带不走"的教师队伍，也为当地技能人才培养工作做出了贡献。（见图3-10）

图3-10 深圳鹏城技师学院部分教师与受帮扶学校教师合影

（三）鉴定能力帮扶

为了把职业培训帮扶工作真正落到实处，深圳鹏城技师学院发挥自身优势，立足对口帮扶地区特色经济发展，积极采取多种措施，强力推动精准帮扶工作扎实有效地开展。深圳鹏城技师学院在帮扶地区培养技能人才的同时，也注重帮助当地提升技能鉴定能力。

一是指导技能鉴定机构建设。结合当地实际情况，组织专业技术力量，以送教上门、对口指导、技能职业培训等形式，指导与帮助结对帮扶院校开展市场调研，共同制定技能鉴定机构建设方案，协助开展相关工作鉴定考点申报工作。

二是指导技能鉴定机构内涵建设。采取资源共享方式，指导并帮助结对帮扶院校制订符合当地经济社会发展需要的职业工种培训计划、鉴定大纲以及开发适用的技能鉴定题库，完善技能鉴定配套制度建设。

三是指导技能鉴定机构日常管理。接收结对帮扶院校派出的技能鉴定机构工作人员来校学习技能鉴定工作的全流程管理，健全日常管理办法，完善职业技能鉴定规章制度与技能鉴定考试流程，开展实训室管理与维护。2017 年，学校为田东职业技术学校教师指导培训鉴定工作 50 余人次。这一系列工作进一步提升了当地技能培训鉴定工作质量，并大力宣传通过职业技能培训实现脱贫致富的真实事例，教育和引导帮扶群众激发内生动力和活动。帮扶群众通过当地的技能培训获得实际收益，不等不靠，苦干实干，实现彻底脱贫。

（四）技能培训帮扶

2019 年，为贯彻党中央、国务院及广东省委省政府关于脱贫攻坚的战略部署，按照《广东省人力资源和社会保障厅"粤菜师傅"省际技能扶贫协作工作方案》，积极对接广西，开展"粤菜师傅"省际帮扶协作，充分发挥技工院校主阵地作用，深圳鹏城技师学院与深圳市龙岗区人力资源局、龙岗区对口办以及广西百色靖西市人力资源和社会局、那坡县人力资源和社会保障局共同举办了两期"粤菜师傅"帮扶培训班，共培训 54 人。其中，第一期 31 人，第二期 23 人。该帮扶培训项目是在国家扶贫攻坚战略以及广东省全面实施"粤菜师傅"工程的背景下，两大工程协同推进的创新举措，既实现了技能帮扶、技能脱贫，也培养了粤菜烹饪技能人才。

一是深入开展技能提升帮扶调研。为高质量做好帮扶培训工作，学校领导、院系领导以及教学团队多次深入广西百色靖西、那坡两地开展调研，与当地人社部门、职业技校共同制定粤菜师傅帮扶培训工作方案。

二是协同各方力量参与。培训课程邀请了两名国家级粤菜师傅全程授课，集中培训阶段为期 45 天，全程采用封闭式管理，学员全天上课，晚上还安排各种基本功训练，吃住都在校内完成，教学管理严格，让学员从始至终浸泡在对课程的学习中，从而在短期内掌握技能，达到理想的效果。

三是搭建学员脱贫致富平台。积极组织帮扶班学员参加省内、市内各类粤菜师傅职业技能竞赛。

四是持续优化培训帮扶方案。深圳鹏城技师学院在第一期"粤菜师傅"帮扶培训班的基础上继续创新工作模式，打造第二期"粤菜师傅"帮扶培训2.0版。2019年深圳鹏城技师学院被认定为"广东省粤菜师傅培训基地""深圳市粤菜师傅培训基地"，大力开展"粤菜师傅"全日制培养、社会化培训和技能鉴定业务，取得了突出成效。（见图3-11）

图3-11 "粤菜师傅"培训班培训课现场

【案例故事3-4】技能帮扶+粤菜师傅工程

2019年，深圳鹏城技师学院与深圳市龙岗区人力资源局、龙岗区对口办、广西百色靖西市人力资源和社会局、那坡县人力资源和社会局共同举办了两期广西百色"粤菜师傅"技能帮扶培训班，共培训当地建档立卡贫困劳动力54人。2期培训班结束后，均安排学员到深圳知名餐饮企业实习就业，安排实习指导老师全程指导和跟踪管理，学员与企业签订劳动合同，人均月收入达4 000元以上，助力学员成功实现了异地转移就业和技能脱贫致富，探索出一条"技能培训、技能就业、技能致富"的精准帮扶之路。

第一阶段：在培训内容上将粤菜烹饪技法与当地特色食材以及饮食文化相结合，深入挖掘独具特色的地方菜式，并且根据目前各大餐饮行业岗位技能要求编制专门培训教程与培训大纲，着重强化基本功训练，学习厨师职业道德，掌握粤菜基本烹调技法。

第二阶段：细化学习厨师行业岗位功能，老师根据学员第一阶段学习掌握程度，在培训过程中将学员进行合理分组。通过学习和训练各种常见粤菜制作实操以及创新型粤菜演练，每个学员能独立制作常见粤菜美食。

第三阶段：实现与就业无缝衔接，促成企业与学员双向选择就业。封闭式培训结束后，学员进入为期 6 个月的企业实习阶段。学校通过与烹饪行业协会及粤菜师傅大师工作室紧密合作，广泛发动企业参与，将培训学员推荐到适合其个人发展的企业进行深度锻炼，提升技能水平。在这种真实的工作环境中，加深学员对厨师行业的了解，并且快速发现自身的一些不足和工作的技术欠缺，从而不断提升自身的综合素质和工作经验。

第四阶段：实习期间实行双重管理，学员在企业实践学习后，学校建立健全学员实习就业跟踪制度，选派专门的实习指导老师全程指导与跟踪管理学员，做好每位学员的思想工作以及岗位动态管理，保障学员实现高质量就业。

学校积极组织帮扶班学员参加省内、市内各类粤菜师傅职业技能竞赛。如第一期"粤菜师傅"帮扶培训班学员黄同学，广西百色靖西市建档立卡贫困家庭子弟，目前已在深圳京基海湾大梅沙酒店（五星级）工作。2019 年 8 月，他与其他第一期学员 3 名同学以粤菜师傅工程为契机，在学校的组织下积极参加了 2019 年龙岗区中式烹调师职业技能竞赛，以初赛理论成绩第一名的成绩直接进入决赛，其他 3 名学员也分别进入决赛。最终，黄同学以全区第八名好成绩获得高级中式烹调师国家职业资格证书。他在岗位上灵活运用学到的厨艺功夫，得到企业领导和员工的一致好评。

深圳鹏城技师学院在第一期"粤菜师傅"帮扶培训班的基础上继续创新工作模式，着重实现"5 个精准"：①精准遴选培训对象，所培训学员全部为靖西、那坡两地的建档立卡人员，并有来深就业的意向；②精准设计培训课程，结合学员零基础、粤桂两地食材与饮食习惯、深圳餐饮企业岗位需求等实际情况，联合深圳市烹饪协会共同设计培训课程；③ 精准选派授课师资，选派的授课教师均在深圳餐饮行业工作多年，具有丰富的行业经验和教学经验；④ 精准安排上岗就业，用人企业提前介入培训过程，掌握学员的基本信息及技能训练情况，提前确定学员的工作岗位职责及生涯发展规划；⑤ 精准做好全程服务，在学员封闭培训期间，精心为学员安排衣食住行，让学员感受到家庭般的温暖；在学员上岗就业后，多渠道跟踪调查每位学员的就业状况。

"粤菜师傅技能帮扶班让我从一名广西的贫困娃变身成深圳餐饮行业的香饽饽，我唯有努力工作来回报政府和学校！"正如第一期培训学员李同学所言，深圳鹏城技师学院承办的粤菜师傅技能帮扶班实现异地转移就业和技能脱贫致富，改善了帮扶人员及其家庭经济状况，对消除贫困、改善民生起到了积极作用。

第二节　构建帮扶保障模式

一、思想保障：正确认识帮扶工作

其一，提高政治站位。实施技能帮扶，促进贫困地区劳动力技能就业、技能脱贫、技能致富，是深入贯彻习近平总书记视察广东重要讲话和重要批示指示精神、党中央和国务院关于精准帮扶、支持贫困地区脱贫攻坚相关要求的重要举措；是发挥发达地区技工院校教育资源优势，开展精准有效的技能教育，实现技能就业、技能增收脱贫的重要方式；是技工院校主动担当，勇于作为，为脱贫攻坚贡献力量的集中表现。

其二，校领导率先垂范。深圳鹏城技师学院从坚决贯彻深圳市委市政府决策和市人力资源和社会保障局党组部署出发，切实加强学校技能帮扶工作的组织和领导力度，校党委成员率先深入帮扶一线、靠前指挥，通过建立专题例会制度、工作沟通机制、设立应急处理机制，加强与主管部门以及受帮扶地区的沟通联系，加大校内统筹力度，多措并举，保障学生在校学习的稳定安全，为学生安心学习技能，顺利完成学业排除了后顾之忧。

其三，党员干部发挥党员先锋带头作用。技能帮扶工作开展以来，深圳鹏城技师学院党委坚持"党建+精准帮扶"的工作思路，以党建工作带动帮扶工作，充分发挥党员的先锋模范作用，让党员成为帮扶攻坚的"宣传员""领航员"和"指导员"。多年来，党员干部带领招生团队赴对口帮扶地区数十次，走遍各个县区，联系当地相关部门开展调研工作，并走访各个高中、中职、中技类学校，并在帮扶生教育培养过程中始终走在前列，展现了共产党员以身作则、无私奉献的风采。

二、组织保障：切实履行帮扶职责

一是加强组织领导机制建设。深圳鹏城技师学院高度重视对口技能帮扶工作，专门成立了以校长任组长，各副校长任副组长，各部门负责人为成员的对口帮扶工作领导小组，负责统筹管理对口技能帮扶的各项工作，形成了全校"一盘棋"的技能帮扶工作局面。

二是强化帮扶工作责任意识。明确要求每位教职工都要深刻认识到技能帮扶工作是帮助对口帮扶地区被帮扶学生和家庭通过技能致富的平台，真正认识本项工作的意义和目标，并根据学校安排，切实履行工作职责，积极配合该对口技能帮扶各项工作的开展。

三是做好资源和政策保障的工作。校党委明确"资源向帮扶一线集聚、政策向帮扶一线倾斜"的鲜明工作导向，在办学经费有限的情况下，拨出专门经费，对帮扶工作给予充分保障；校党委在学年度考核、教师岗位评聘、优秀教师和优秀班主任评选中，向在帮扶一线工作的教职工倾斜，发挥政策的导向性作用，体现组织的关心和温暖。

三、管理保障：加强技能帮扶一线力量

一是加强教学师资调配。为确保从对口帮扶地区所招收学生的培养

质量，学生就读班级及学习课程均安排学校优秀教师任教，并派遣由全国技术能手、深圳地方级领军人才带领的教学团队，赴对口帮扶地区开展教学工作，使结对帮扶院校的教学、教研、技能竞赛水平迅速提升，赢得了当地院校教职工的一致好评。

二是加强教学质量保障力量。深圳鹏城技师学院每学期派出教学督导对帮扶学校开展教学指导，通过现场听、评课，帮扶生座谈，实地观察，满意度调查等方式，形成调研报告，促使帮扶教学质量不断提升。

三是加强学生管理力量。挑选优秀教师，为每个帮扶班配备双班主任，加强学习、生活上的辅导和指导。

四是加强帮扶学生档案管理。先后建立了新生信息资料库、心理信息档案库和帮扶学生资料库，建立以特别生、重点生、一般生为关注对象，结合学生信息并针对性地制定相应的管理办法，来开展学生教育工作。

四、资金保障：确保帮扶工作到位

一方面，深圳鹏城技师学院在自身有限的办学经费中专门挤出资金支持帮扶地区学校发展，为黔南州教学点、陆丰技工学校合作项目设立专项经费，用于学生管理、社团活动、技能竞赛、支教补助等，提升当地办学水平，获得省人力资源社会保障厅和当地政府的充分肯定。为此，广东省人力资源社会保障厅专文批复，同意深圳鹏城技师学院与陆丰技工学校开展"2+3"中高技衔接对口帮扶高技能人才培养，为广东省技工院校实施"百校协作腾飞计划"树立了典范。另一方面，满足一体化教学需要，改善了帮扶合作教学点基础设施状况，为陆丰市技工学校、海丰县中等职业技术学校捐赠包括教学耗材等共计40余万元的物资；为陆丰技工学校教学点实训室建设配置了6台实训车。

五、学业保障：解决帮扶生实际困难

一是"六免除"。鉴于帮扶生家庭条件有限，而深圳消费较高的实际，学校为了保证不让任何一个来校就读的帮扶生辍学，对他们实施了6项免费政策，即免除了学生的学费、住宿费、教材费、考证费、军训费和水电费，每生每年减免额度近万元。这些减免政策，解除了家长及学生的后顾之忧，使学生可以一心学技能。

二是"四提供"。其一，提供医疗辅助。为实地了解学生的家庭状况，学校组织对口帮扶工作组开展了走访调查，先后对黔南州多个乡镇帮扶生家庭进行了走访调查。通过调查走访了解到罗同学患有先天性皮肤病，因家境贫困而想弃学业去打工治病。该生来到深圳后，学校专门拨出经费帮助该生系统治疗，使该名学生顺利完成学业。其二，提供爱心捐助。学校还先后开展了全校师生捐赠书籍献爱心，建立了黔南教学点图书阅览室，捐赠藏书近 5 000 册；设立帮扶生应急基金，为临时缺钱的学生解决燃眉之急。先后有 258 人次借用应急资金，用于生活费用。其三，提供企业实践。暑假期间为防止该部分帮扶生辍学，学校组织帮扶生到深圳太太药业有限公司等企业开展暑期实习活动，解决了部分学生在深学习的经济问题。其四，提供企业助学。学校联系中国联通等企业向学生赠送电话卡和手机，使每位从黔南来深的学生均获得了可免费使用 2 年的电话亲情卡，其中部分学生还获赠了手机。这些助学举措，解除了家长及学生的后顾之忧，防止了因贫困造成的学生流失。

三是"三倾斜"。为了培养学生自助能力，学校设立图书协管员、电子阅览室协管员等助学岗位，优先让该批学生上岗自助，通过劳动付出，获得一定报酬，逐渐培养他们自力更生的能力；当国家、省、市出台助学政策时，学校根据他们在校表现，优先推荐他们去享受各类助学政策。此外，学校还尽可能地在一定范围内减免学生伙食费用。

六、政策保障：扩大技能帮扶效率和持久力

一是提供制定政策的实践依据。即学校通过技能帮扶实践，总结开展技能帮扶的系列经验，向政府有关部门提出政策需求并提供可靠的参考数据。在实践中，学校根据帮扶生从来深就读，到在校学习生活，再到返乡等实际产生的费用，系统核算了技能帮扶生均学费免除、生活补

贴等实际资助标准。该标准先后为广东省、深圳市有关部门制定政策所采纳并推广，有力推动了教育帮扶工作。

二是切实落实资助政策。明确了"精准助学、分类施策、合理适度、共同分担"的原则，通过实施更加精准的助学政策；进一步完善助学政策体系；加强助学政策的引导，促进多元化社会助学；建立资助政策的监督、跟踪、反馈、调整机制等措施，逐项落实帮扶生免学费、困难补贴等帮扶政策。[①]

三是紧密跟进产业帮扶、支教等相关政策。例如学校依托广东省"粤菜师傅"工程产业帮扶政策，面向广西百色地区先后举办多期粤菜师傅培训班，帮助一大批帮扶人群实现了转就业和技能脱贫；依托援疆政策，派出优秀教师赴新疆喀什支教，为当地送去深圳先进的技能教育经验和资源，推动了当地技能教育的发展。教育帮扶政策与产业发展政策的高位统筹、协同规划、有机结合，不仅形成了技能人才培养和产业技术应用的创新推广网络，更有利于丰富帮扶措施和发挥帮扶资金的集约效用，优化帮扶地区职业教育资源的调整布局和紧扣产业、错位发展、动态调控的专业体系，最终促进了帮扶地区支柱产业和新兴产业的发展。

第三节 构建"精准三扶"模式

提高人口素质是加快帮扶地区全面小康的关键，而提高育人质量是提高帮扶地区人口素质的关键。因此，通过创造良好的学习条件和环境，对帮扶生实施规范化的技工教育或技能培训，让帮扶生掌握扎实知识与技能，为实现良好就业、立足社会、摆脱贫困打下坚实基础，此谓"及身"。在思想品德、精神心理上的帮扶，使帮扶生树立自信，懂得自爱，学会感恩，积极面对困难，努力斩断穷根，阻断代际贫困传递，此谓"入心"。深圳鹏城技师学院本着技能帮扶既要"及身"，更要"入心"的理

[①] 罗德超. 关于完善贫困学生就读技工院校助学政策的若干建议[J]. 职业，2017（6）.

念，构建了技能帮扶的"精准三扶"模式。①

一是坚持帮扶同扶智，树立正确理想信念。若一个人思想落后，那么外在环境条件多好都不会成功，要坚持帮扶与扶志向结合，转变帮扶方式，克服"等人扶""等脱贫"的消极思想，把学生培养成有理想、有道德、有文化的新时代青年。

二是坚持帮扶同扶技，激发造血能力。帮扶工作中"输血"重要，"造血"更重要。想要激发造血能力，扶技是关键一环。扶技就是扶知识、扶技术，让学生通过3年、5年的学习拥有一技之长。

三是坚持帮扶同扶志，激发帮扶地区生内在成长动力，使学生拥有远大的思想抱负，通过提高自我发展、创新发展的能力，实现真正的自立自强。

一、精准扶智——帮扶生综合素质养成

较之其他学生，帮扶生往往因为家庭经济困难，成长环境不如人意，存在较强的自卑心理，同时又有强烈的自尊心，对他人的看法评价比较敏感，容易形成负面情绪。对这些学生的帮扶，首先，要打破他们的自卑心理，重建自信心，帮助他们正确认识自我、认识家庭、认识社会，给予他们充分的尊重、关爱和鼓励，以榜样的力量和成功的案例引导学生认真学习、奋发向上。其次，要帮助他们克服封闭的心态，开展教师与学生、学生与学生之间的"一帮一""多对一"活动，培养他们相互关爱、团结互助的精神，培养他们与人交往、与社会交往的能力，使帮扶生更好地融入班集体、融入学校、融入社会。再次，要细心关注帮扶生思想上、情感上的变化起伏，分析其背后原因，尤其是对帮扶生的家庭情况，如经济困难、家庭变故、亲人生病等要及时了解和掌握。这些"背后"的因素会对帮扶生安心在校学习产生重要的影响，协助他们解决这些困难，能够有效地帮助他们专心致志地学习。最后，要注重培养帮扶

---

① 罗德超. 技能扶贫既要"及身"更要"入心"[OL]. 广东职协微信公众号，2017-03.

生自食其力观念，克服"等、靠、要"的思想。技工院校提供勤工俭学岗位向学有余力的帮扶生开放，根据学生付出的劳动给予适当补贴，使帮扶生通过劳动获得补贴，树立正确的价值观和劳动观。鼓励社会爱心企业面向帮扶生设立奖学金，对品学兼优、奋发上进、成绩优异的优秀学生进行奖励，激励学生认真学习、努力成才，学会感恩，以图将来回报社会。在具体做法上，主要做到了以下几点：

一是组织开展集体学习、主题活动、座谈会等，使帮扶生能迅速融入校园生活，从心理上、思想上、道德上、意识上实现育人效果，全面提升学生的综合素质。

二是鼓励帮扶生参加文体活动。学校专门组织对口帮扶地区学生开展了技能大赛、十大歌手、拔河、篮球、羽毛球、乒乓球、象棋、书画、摄影等比赛，定期组织播放经典影片，专项开展了宿舍卫生检查和文艺会演活动，在丰富学生课余生活的同时，帮助学生走出"帮扶生"的心理阴影。

【案例故事3-5】用爱点亮帮扶之路

◆ 深圳鹏城技师学院是一所"爱心学校"

来自田东职业技术学校的黄同学，2017年9月入读深圳鹏城技师学院，经过在深圳鹏城技师学院3个多月的学习，性格内向的他在老师和同学们的鼓励下，站上学校好声音歌唱比赛舞台演出并取得不错的成绩。远在广西打工的父母专程赶来观看演出，为儿子的巨大转变而激动落泪。一家人紧紧地拥抱在一起的场面温馨感人，触动了所有在场师生的心灵。

2017年6月，湖北郧西教育、人社部门来校调研，全面了解当地帮扶生到深圳鹏城技师学院学习、生活的情况，为深圳鹏城技师学院老师、班主任关心呵护学生成长的事迹所感动，形成了书面报告向县委县政府汇报，当地县政府特此向学校赠送了"爱心学校"的牌匾。

◆ 学会感恩的"文艺大使"

"技能小人品，做人大技能"，技品见人品。中国人常说："未曾学艺先学德,德不立,技难精。"培养同学的思想品德、真情实感、正确的三观,是摆在每一位技能教师面前的真实挑战。自尊心强、性格内向、敏感寡言在帮扶班的同学中,并不少见。如何打开同学心扉,如何融化紧绷的情绪,如何建立丰富的内心,汽车技术学院的老师没少备课。教育学生"学会感恩"是大家找到的共同切入点。

蒙同学是一位从黔南州来的帮扶班的同学,他有着非同一般的精巧的双手和艺术灵感,在绘画方面有着特殊的才能(见图 3-12)。汽车技术学院老师敏锐地发现了他的才能,积极鼓励,创造条件让他发挥特长。

蒙同学以自己专业的汽车喷漆作品,获得了校园"文艺大使"等荣誉,并作为异地来深励志青年被深圳市通报表彰。他为了感恩学校和学院老师,精心创作了一组十二生肖剪纸,长久地悬挂在学院文化墙上。其精美的构型、感恩的寸草之心获得了各界来宾的啧啧赞叹。

图 3-12 黔南帮扶生蒙同学获奖作品《朝霞映鹏城》

三是从学习、生活、思想等方面为帮扶生提供全程帮助,把关爱、关怀落到实处。如开展节假日慰问活动,为学生发放慰问金、慰问品等;学校还设立了专门的勤工俭学岗位,为帮扶生提供校内课余工作,以获得一定的生活补贴;在政策允许的范围内,联系爱心企业,为部分学生提供周末及寒暑假兼职工作机会等。

【案例故事 3-6】特色帮扶生管理工作模式

2010 年，深圳鹏城技师学院首次开展对口黔南州技能帮扶工作，汽车技术学院作为专业帮建对口专业，这一投入就是 10 年。深圳鹏城技师学院汽车专业是学校品牌专业，汽车技术学院曾荣获深圳市先进职教集体殊荣，具有团结奉献的团队政治素质基础，具有能打硬仗的勇气和作风。汽车技术学院拥有强大的优秀师资队伍，其中国家级技术能手一位，技能大师一位，省市级技术能手多位，80%以上教师具有丰富的企业经验。2009 年，学院承担人力资源和社会保障部一体化课程教学改革首批试点任务，同时又开展对口帮扶工作，面临的挑战巨大。

多年来，在面向黔南州、陆丰地区帮扶工作中，汽车技术学院在树立全面育人、全程引导、全方位关怀等方面下足了功夫，构建了以专业为基础的、系统完善的帮扶生综合管理保障体系，主要包括：

（1）通过黔南州帮扶班双班主任管理制度，从生活和专业两方面，加大对学生的关爱和引导；

（2）开展新生入学期间、节假日期间系列帮扶生送温暖、送关怀活动，更好地帮助学生融入集体；

（3）开展针对性的防毒品、防诈骗、人身安全、心理健康教育，确保在深圳的生活和学习安全；

（4）建立完整的助学金评议发放机制，每学期拿出一定比例助学金指标向帮扶生倾斜；

（5）成立帮扶生勤工助学社团，有助于帮扶生开展自我管理，互帮互助，形成了完备的勤工助学机制；

（6）完整的就业引导、就业安全保障制度，确保帮扶生平稳实习、稳定就业；

（7）定期支教点工作巡查制度，开展帮扶生座谈交流，及时了解学生困难；

（8）结合广西、贵州帮扶地区学生多才多艺的特点，实施学生文体活动经费倾斜支持制度。

二、精准扶技——帮扶生技能提升培养

一是派遣优秀师资力量任教。在贵州黔南州对口帮扶工作中，深圳鹏城技师学院为确保对口帮扶地区所招收学生的培养质量，在学生就读班级及学习课程中均安排学校优秀教师任教，并派遣由全国技术能手、深圳地方级领军人才带领的教学团队，赴黔南开展教学工作，使黔南技校的教学、教研、技能竞赛水平迅速提升，赢得了黔南技校教职工的一致好评。

二是运用国际先进教学方法。调配学校紧缺教学资源，对来自帮扶地区的学生实施工学一体化教学，重点培养学生综合素养，既使学生能在真实的操作工艺环境下开展技能学习，迅速提高技能水平，又能保证学生具备良好的社会能力、方法能力和个人能力。

【案例故事3-7】45届世界技能大赛备赛选手黄承志

"我做梦都没想过有一天我会成为国家备选选手参加世界技能大赛"，黄承志同学激动地说。

黄承志是深圳鹏城技师学院对口帮扶地区——广西百色的帮扶生，来自广西百色靖西市。黄承志同学的父亲在2005年发生车祸丧失劳动能力，随之而来的家庭剧变，使年仅6岁的黄承志和3岁的妹妹顿时陷入生活困境。从此，生活的重担又交回到已经70多岁而又年迈多病的爷爷奶奶身上，全家微薄的收入便是爷爷奶奶种庄稼的收成和当地政府的贫困补助。一家6口人年收入仅2万元。由于家庭经济压力大，原本没有一技之长的读完高中就打算辍学外出打工的黄承志，恰好遇上深圳鹏城技师学院来广西百色招收"帮扶生"。他被学校免学费、多项生活及学习补贴等优惠政策吸引了，还有他喜欢的家具设计与制造专业，最终他在家人的支持下报名入读深圳鹏城技师学院。

恰逢第45届世界技能大赛中国组委会在全国选拔优秀选手，黄承志同学在老师的鼓励下毅然报名参加了深圳市选拔赛，并以第二名的身份

进入广东省选拔赛。在 2018 年寒假集训期间，当所有人已经在休息的时候，他坚持每天 7 点半起床锻炼身体，然后就一头扎进训练场地，从基本功开始苦练到晚上 10 点还不愿离去。仅仅 7 个月的学习训练，他就在广东省选拔赛上以第一名的成绩入围全国选拔赛（见图 3-13）；在全国选拔赛中他又从各省市、行业协会的 19 名选手中脱颖而出，荣获该项目全国第五名的优异成绩，取得了此次世界技能大赛的国家集训队资格（见图 3-14）；在全国集中阶段性考核中他取得了突破性成绩，成为集训队里仅有的 2 个完成完整作品的选手之一。这也成为历年来深圳市在该项目的最好成绩，实现了深圳地区在该项目成绩上零的突破。

黄承志同学先后获得广西壮族自治区全区脱贫攻坚先进个人"奋进奖"，广东省优秀共青团员，深圳市优秀共青团员，2018—2019 学年中等职业教育国家奖学金三等奖等奖励。他不仅得到了广东省第二扶贫工作组领导的高度关注和重视，更是作为粤桂扶贫协作和脱贫攻坚项目的励志青年代表，给广大帮扶生树立了脱贫致富信心，生动展现了对口帮扶地区学子实现从"靠苦力吃青春饭"向"凭技能吃技术饭"的转变，阻断贫困代际传递。2021 年，黄承志同学在学校继续训练，备战第 46 届世界技能大赛木工项目选拔赛。

图 3-13 黄承志同学参加第 45 届世赛技能大赛广东省选拔赛

图 3-14　黄承志同学参加第 45 届世赛技能大赛全国选拔赛作品

三是开展"产教融合"培养模式，充分调动校企合作企业的积极性，鼓励企业对帮扶地区学生给予相应岗位实习锻炼计划。如健康管理学院药品营销专业通过暑期岗位实习推荐工作，促使学生专业知识与岗位技能同步发展，增强学生就业竞争力，部分学生回到家乡继续从事药店销售岗位就业，实现了对口就业。

四是加强对口教学辅导。鉴于来自帮扶地区学生知识水平和学习能力欠佳的现实状况，学校要求每位任课教师加强对该部分学生的关注力度，并安排学生间的"一对一"帮扶工作，使每一位来自帮扶地区的学生学会、学好、学精，切实掌握所教知识和技能。除此之外，还精心安排名师带教，优秀班主任带班，实行全过程精细化帮扶，加强学生技能培养，树立了学生脱贫致富的信心，为帮扶生优质就业与未来创业奠定了技能基础，以阻断贫困代际传递。

【案例故事3-8】湖北郧西帮扶生

徐同学是深圳鹏城技师学院对口帮扶地区——湖北郧西的帮扶生，该同学父亲去世后，家里的主要收入来源是母亲务农。家庭贫困的徐同学即便考上了二本也只能被迫放弃，但不甘心就此放弃学习的他，便毅然决然选择了可对帮扶生免除学费和提供生活补贴的深圳鹏城技师学院。在这里，他选择了充满新鲜感的智能楼宇专业。刚来到学校时，徐同学很茫然，觉得周围很陌生，没有朋友没有亲戚，甚至动了想要退学的念头。但是班主任很快察觉到这个大男孩的心理变化，多次促膝长谈后彻底改变了徐同学的想法。曾经觉得自己一无是处的徐同学在深圳鹏城技师学院开始了自己崭新的人生：除疯狂学习外，每天下课就泡在实训室里，平时业余时间参加了各式各样的第二课堂，积极参加技能竞赛，一到周末就到校外兼职，减免了家庭的负担，实现了生活费自给自足。在校期间获得多项荣誉：在2017年全国智能楼宇和电梯安装维修国赛上获亚军；获2017—2018年度和2018—2019年度企业奖学金二等奖；2018年荣获"校园之星"称号；2019年获得中职教育国家奖学金。

"我深知这是难得的学习机遇，感谢学校对我们这些背井离乡的帮扶生提供了莫大的帮助，除了学费全免外每个月还提供生活补贴、交通补助；在刚入学时为我们购买了生活用品；每逢节假日都提供了丰盛的慰问餐；老师们就像亲人一样会推荐很好的校外兼职，会鼓励支持我们参加各类竞赛。如果没有国家帮扶的大好政策，如果没有深圳市人力资源和社会保障局的倾情帮助，如果没有深圳鹏城技师学院的全力支持，我可能依然延续祖辈的老路——打零工。所以，自从得知有机会再进入校园时，我就下定决心，努力学习，争取早日拥有一技之长，回报双亲，回报社会。"

目前，徐同学主要从事消防专业实训室建设和消防检测等工作。

帮扶生黄承志、徐同学的成才故事只是其中的典型代表。深圳鹏城技师学院在帮扶生的学习生活中主要投入了哪些呢？

（1）做好帮扶生的基本生活保障。帮扶生按政策享受的补助及福利包括：扶贫部门给予的"雨露计划"学历教育补助资金 1 500 元/（人·学期）；3 年的每生每年 6 000 元学费全免待遇；享受 3 年的每生每年 2 700 元生活补贴及 450 元住宿补贴；享受 3 年每生每年最高不超过 1 200 元的标准，据实给予深圳往返百色之间的交通补助；高级技工班学生在一、二年级学习期间可享受每生每年 3 000 元的助学金，学校提供一定比例的勤工助学岗位；学生毕业后可根据个人意愿，自愿申请入户深圳。

（2）做好帮扶生的技能提升工作。以黄承志同学为例，他在短短 2 年时间里，从一个山里走出来的孩子蜕变为一个能在全国选拔赛崭露头角的"技能高手"，这与学校扎实有效的帮扶保障模式是分不开的。

三、精准扶志——帮扶生创新创业能力培养

为助推学生技能创新创业发展，深圳鹏城技师学院于 2016 年成立了广东省技工院校首家创新创业学院及孵化基地，并成为深圳市首家技能人才创业平台和全市技能双创第一品牌。2017 年获得广东省人力资源和社会保障厅 500 万专项资金扶持，2018 年获得深圳市创业孵化基地认定，2019 年获得市级创业孵化基地奖励资金 20 万元。基地建设有 200 平方米创业咖啡和以 3D 打印应用技术为主的众创空间，有孵化创新创业项目 11 个、创业企业 10 家，创业带动就业 30 余人。3 年内计划孵化学生自主创业企业 20～30 家，创业带动 100 人就业。携同院系共同开展学校双创工作，建立 4 个二级创客工作室，并有 9 个学生项目入驻二级创客工坊，参与项目指导教师共计 10 余人次，带动 100 余名学生参与项目研发。在帮扶生双创扶持方面，具体提供以下 3 类支持：

一是为帮扶学生提供创业就业发展平台。通过专业课程思想引导、职业规划课程、就业创业指导等符合学生不同阶段的课程，将就业创业指导工作贯穿学生学习生涯；二是搭建创业服务平台，提供优质创业服

务，使学校帮扶生创业热情高涨。作为双创工作帮扶学生，2016级汽车维修专业的来自黔南的杨同学先后在贵州贵阳开办了2个汽车修理厂，月营业额达20余万元；2016级汽车维修专业的来自黔南的许同学等4名学生自主创业，在深圳开起了生态农产品专营店。三是制定帮扶生入园孵化政策。开辟帮扶生创业项目入园孵化的绿色通道；出资支持工商注册及注册地点支持；提供创新创业项目思路；申请创业补贴及创业贷款；支持学生参加各级各类创新创业竞赛；提供创新创业经验交流平台等活动。

【案例故事3-9】技能点亮人生，创新成就未来

这些年来，为了促进学生的创新意识，培养工匠精神，开拓科技创新思维，推动创新型校园文化建设，深圳鹏城技师学院先行先试，于2018年成立广东省技工院校第一个正式运营的创业孵化基地，开启创新发展管理模式，专门成立校级学院，成为广东省技工院校中第一个设立"创新创业学院"的院校。来自黔南州的李同学、杨同学就是学校双创教育下成长起来的典型例子。

◆ 2013届贵州黔南地区帮扶生——李同学

该同学的创业项目"深圳市众农舍生态农业科技有限公司"，入园后由学校进行重点孵化扶持，并正式注册成为企业，经过创业培训和市场营销，在黔南地区建立蔬菜、粮食、肉禽等种植和养殖基地（经营4个养殖场，3个养鸡场，1个养猪场），跟贵阳市政府合作谈成了1500亩（1平方千米）蔬菜种植项目，并使用线上电商网络平台和一级市场进行销售，将贵州当地农副产品源源不断地销往全国各地，带动家乡一起致富，成为学校帮扶典型案例。

◆ 2015届贵州黔南地区的帮扶生——杨同学

杨同学，黔南平塘县人，2012—2015年就读深圳鹏城技师学院汽车技术学院，毕业后回家乡创业。2016年起开始创业，在贵阳先后开办了2个汽车修理厂，2020年收入毛利润40万元，纯利润15万~16万元，

带动全家脱贫致富。杨同学家庭一共5人,以前全靠父亲打零工维持全家生活,一个月2 000多块钱,是典型的困难户。杨同学表示非常感谢国家的帮扶政策,感谢学校的学习平台,对往后的幸福生活更加向往。中央电视台记者2019年到黔南现场访问,共同见证了他的技能成才轨迹和成果,也见证了"一人技能就业,一家脱贫致富,一片事业兴旺"。

第四章 技能帮扶实施效果分析

2010年至今，深圳鹏城技师学院已开展10余年对口技能帮扶项目，其中，在招收帮扶生实施全日制高技能教育项目中，涉及学生逾1 300人，针对广东、贵州、湖北、广西等4个省市自治区被帮扶家庭的学子，共计提供了15个专业的技能教育机会。

为了更好地评价技能帮扶的实施效果，并客观掌握参与学生接受技能帮扶后的真实感受，笔者开展了相关的满意度调研，旨在掌握学校实施技能帮扶的效果，为今后不断优化技能帮扶模式和提升帮扶质量提供支持。

在诸多合作帮扶内容中，本课题主要选取了帮扶生技能帮扶作为研究对象进行效果调研，暂未涉及其他内容。原因在于帮扶生技能帮扶项目具有持续时间跨度长，涉及对象众多，帮扶内容全面，学生来源广泛且项目实施环节多、综合性强的特点，调查样本收集相对容易，结论客观性强，具有典型意义。相比之下，其他项目受制于不同地区帮扶内容的差异，大多以"点状"的项目单独实施，横向可比性不强，实施效果较难量化，以主观感受为主。实施效果在第二节成效分析中具体表述。

第一节　实施效果调研

一、调研基本情况

（一）调查对象

本次调查对象为 2016—2019 年入学的在档帮扶生 783 人，约占学校历年来所招收的帮扶生总数的 60%，调查对象分布在 12 个专业，样本具有广泛性。调查对象从新生到毕业生，涵盖从入学到就业各个阶段，调查结果体现技能帮扶项目学生参与的全过程的满意度情况。实施调查时，2016 级学生已毕业，2017 级学生正在实习阶段，2018 级学生已完成技能等级考试待实习，2019 级学生为入校第一年新生，分别代表了不同年级的情况，具体分布如表 4-1 所示。

表 4-1　2016—2019 年深圳鹏城技师学院在档帮扶生汇总表

年级	2016	2017	2018	2019	合计
电子商务	22	37	16	27	102
家具设计与制造	20	19	2	11	52
现代物流		29	11		40
电气自动化安装与维修	25				25
楼宇智能化技术	10	18	14	6	48
无人机应用技术	24	24	6	8	62
烹饪	44	41		12	97
眼视光技术	20	28	3	6	57
汽车钣金与涂装	26	14	4	16	60
汽车营技术服务与营销	56	22	23	29	130
工业机器人应用与维护	20				20
数控编程	38	23	13	16	90
合计	305	255	92	131	783

（二）调查方法

本次调研使用了问卷星平台，问卷由各帮扶生所在班级班主任推送调查问卷二维码，采取不记名全面调查的方式进行，确保了调查的真实性。本问卷设计分为个人信息、招生过程、在校生活状况、在校学习状况、顶岗实习、毕业工作 6 个维度，共设计了 43 个调研问题。针对不同年级、不同学制题目自动生成。

（三）问卷有效性分析

本次发放问卷 783 份，收回 688 份，回收率为 87.9%。表 4-2 按专业统计，除家具设计与制造专业外，其他专业问卷回收率均高于 80%；表 4-3 按入学年份统计，2016 级回收率略低，为 73.1%，原因在于学生毕业后联系方式的变动，2018 级有部分被调查者填写入学年份有误，偏差为 6.5%。回收的 688 份问卷为有效数据，除个别问题外，有效数据均以 688 份问卷作为分析基础。

表 4-2 按专业统计问卷回收比率

专业	发放数	回收数	回收率
烹饪	97	88	90.7%
眼视光技术	57	55	96.5%
汽车钣金	60	48	80.0%
汽车营技术服务与营销	130	106	81.5%
工业机器人应用与维护	20	17	85.0%
数控编程	90	88	97.8%
电子商务	102	95	93.1%
家具设计与制造	52	38	73.1%
现代物流	40	35	87.5%
电气自动化安装与维修	25	20	80.0%
楼宇智能化技术	48	46	95.8%
无人机应用技术	62	53	85.5%

表 4-3　按入学年份统计回收比率

入学年份	2016级	2017级	2018级	2019级
发放数	305	255	92	131
回收数	231	229	98	130
回收率	75.7%	89.8%	106.5%	99.2%

二、调研结果分析

（一）总体性评价分析

对技能帮扶工作整体评价共 2 个题目，其中"Q6.通过教育帮扶项目，您对该项政策实施的总体感受？"项目总体满意比例为 84%，不满意仅为 1%，可见技能帮扶项目获得了学生的高度认可。从入学年份的学生评价分析，进入企业实习和工作的学生比仍然在校学习的学生满意度高；在校生中，2018 级学生满意度又比 2019 级的新生高，表明学生随着参与帮扶项目时间的增长，对学校及就业单位的接受程度逐步提高，反映出受帮扶学生对帮扶项目的主观认识是一个逐渐客观化的过程，从注重学校毕业文凭、硬件环境到注重学校办学内涵、就业质量的变化（见图 4-1）。从生源地区分析，满意度比较接近，显示在同一项目下，帮扶生得到的助学政策的公平性较高，并获得不同来源地区学生的一致认可（见图 4-2）。

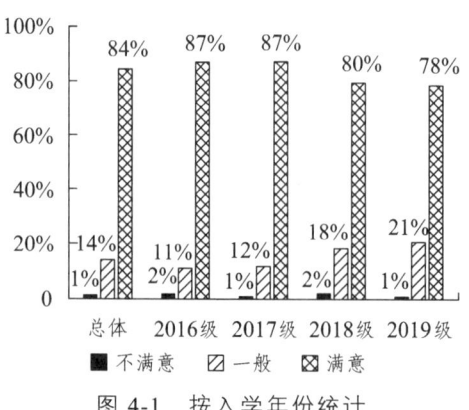

图 4-1　按入学年份统计

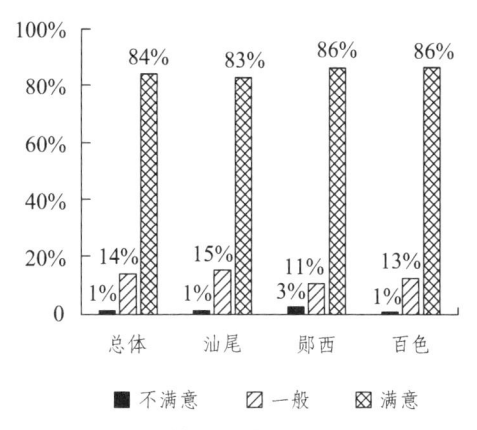

图 4-2　按学生来源地区统计

在调查问卷最后，提出的"Q44.您是否会向周围的人推荐学校的教育帮扶项目"，学生表示"一定会推荐"的占 31%，"必要时可能会推荐"的占 64%，"不会推荐"的仅占 5%。此项调查结果从另一个侧面显示帮扶生对项目的认可，强烈推荐的学生约占 1/3，但与此同时附带条件推荐的约占 2/3，显示学生有较强的客观理性。事实上，在高等教育普及化以及经济条件许可的情况下，仍会有相当部分帮扶生将普通高等院校作为升学首选，接受认可技能教育需要更强的说服理由和更加直观的利益比较。按入学年份统计的学生评价结果显示，2019 年入学的新生总体推荐意愿偏低，其他年份入学的学生评价基本一致，也印证了学生逐步认可技能教育需要一个过程（见图 4-3）。值得注意的一点是，不同年份学生推荐意愿的差异，也存在政策实施的影响。由于政策落实相对滞后，新生入学后，各种补贴的发放需要经过严格的审批流程，环节多、过程长，从录取入学到首次生活补贴的到账，往往需要一段时间。这期间学生需要在家庭或学校的资助下才能保障在校的学业，新生等待时间过长也影响了推荐意愿。从生源地区分析，郧西地区推荐意愿最强，汕尾地区推荐意愿略弱，百色地区推荐意愿居中，三地差异不大，属于正常的偏差范围（见图 4-4）。

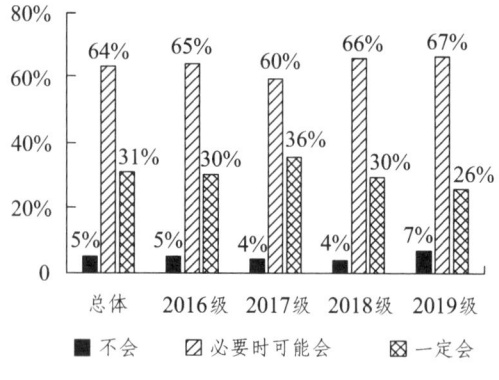

图 4-3　按入学年份分析推荐意愿

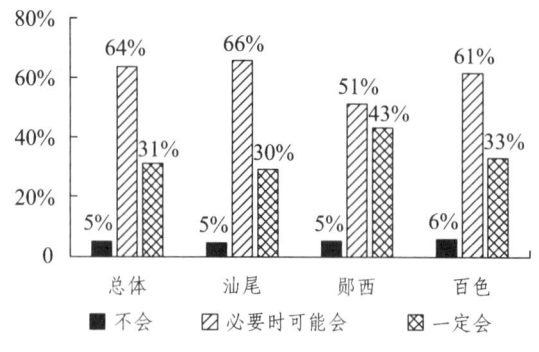

图 4-4　按学生来源地区分析推荐意愿

（二）入学前评价分析

帮扶生对招生情况的评价共 4 个题目。对学校在招生过程满意度整体评价方面，满意度为 84%，不满意为 1%。帮扶生对招生整体满意度高，一是与招生宣传的真实性有很大的关联度，尤其是资助政策、学校情况的宣传，必须真实客观，深圳鹏城技师学院在多年的招生宣传方面始终坚持客观、准确；二是与招生宣传工作的细致有关，除招生前的宣传工作外，录取后始终与帮扶生保持密切联系，通过各种渠道，随时回答学生咨询、解答学生疑问，这也是提高新生满意度、稳定学生思想的有效举措。入学年份分析发现，2018 级和 2019 级的满意度较低，已经就业的 2017 级满意度最高（见图 4-5）。正如前述分析，学生工作后能够真切感受到就业薪酬的比较等切身利益，因而满意度反而提高。从生源地区分析，基本持平，汕尾地区评价略低。

图 4-5　按入学年份分析招生过程中的满意度评价

关于技能帮扶招生的信息获知渠道调查方面，政府扶贫部门的影响明显，为 55.7%；其次为就读学校和周围的亲戚朋友为 38%（见图 4-6）。按地区评价分析，郧西地区的政府和学校成为绝对主导的信息渠道，在百色地区，就读学校的影响力度更大，超过政府扶贫部分；汕尾地区的亲友关系的影响超过政府扶贫部门和就读学校 2 个主体渠道。这也反映了不同地区扶贫招生宣传渠道、宣传方式以及实施时间的差异。具体分析，郧西扶贫项目是国务院扶贫办安排的扶贫试点项目，只实施了 2017 年这一年，且因是临时安排的项目，时间紧、任务急，因此，招生宣传主要由当地政府组织。百色地区的扶贫项目属于粤桂两地东西部合作项目，从对口帮扶的部署到具体项目的实施，有较长的过程。这期间，两地政府经过反复研究协商，确定了招生工作方案并由学校具体与百色所辖县市共同实施，准备时间长且准备充分，深圳鹏城技师学院也能深入当地学校进行广泛宣传，同时当地政府广为发动，因此能够双管齐下。汕尾地区帮扶生招生中，亲友的影响超过政府部门和学校 2 个渠道，此与学校在汕尾地区实施项目持续时间长有关。汕尾是学校最早招生并对口帮扶的地区，学校办学及就业质量在当地具有较强的影响力，多年来已形成了口口相传的宣传局面。另外，深汕两地地理距离较近，汕尾属于广东经济较落后地区，在深圳经商、务工者众多，学校招收的帮扶生大多在深圳均有亲戚，因而也解释了上述调查结果。

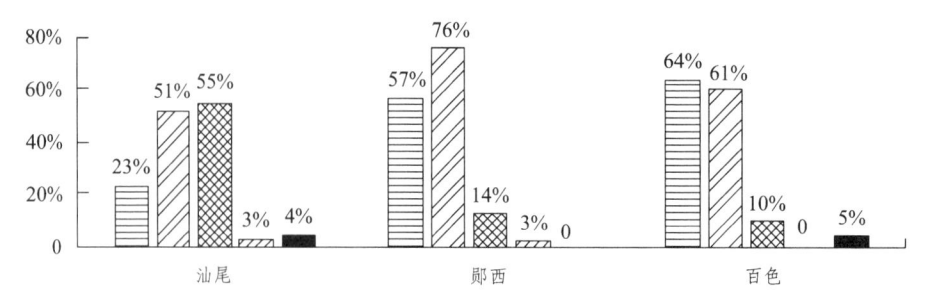

图 4-6　得知教育帮扶项目的渠道

在专业选择调查方面，超过半数学生考虑的是个人爱好，其次为他人建议，出于就业和收入考虑的分别占 23.5% 和 19%，迫于无奈选择专业的占 10%（见图 4-7）。从生源地区分析发现，来自百色的学生基于个人爱好考虑的较多，郧西地区的他人建议较多，同时百色和郧西的生源从就业收入和就业难易方面考虑的也较汕尾地区生源多。此项调查结果反映了地区经济的差异以及就业观念的差异。汕尾属于广东沿海地区，距离珠江三角洲地区较近，传统上经商意识与氛围浓厚，帮扶生选择的专业，考虑毕业后能小本自主创业居多，而百色和郧西经济相对落后，劳动力外出多以务工为主，因而学生选择专业较多考虑就业及收入情况。

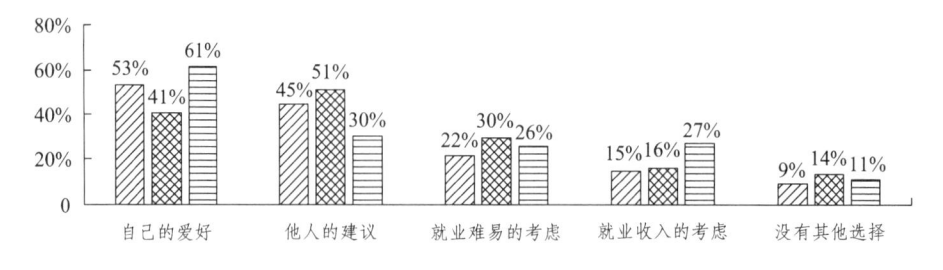

图 4-7　选择所学专业的原因

专业选择涉及 4 个院系的 13 个专业，所选专业基本与生源地经济发展水平相关，排名前三的专业分别是汽车技术服务与营销、电子商务、数控编程及烹饪，其他专业选择相对均衡（见图 4-8）。这显示出，学生对汽车维修服务、电子商务、数控编程及烹饪的认知程度较高。深圳鹏城技师学院的对口帮扶项目在招生专业的选择上与一些院校限定专业招收帮扶生的做法不同，一直以来坚持放开全部专业供帮扶生选择，一方面是尊重帮扶生意愿，让他们有更多的专业选择，另一方面是避免帮扶生过多集中于一个专业或班级中形成地域性的小群体，从而有利于他们尽快融入学校、融入集体生活中，进而提高学生的社交能力，拓宽个人视野。

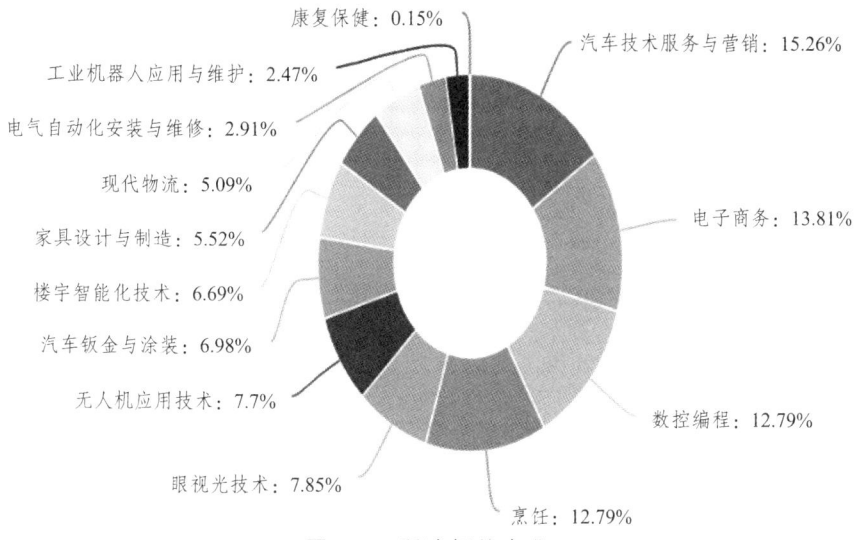

图 4-8　所选择的专业

关于帮扶生咨询报读过程中是否遇到过困难，87.5%的学生表示没有遇到过困难。遇到困难的 64 份问卷中，按照困难类型占比的高低排序分别为：专业咨询、费用、流程、沟通困难和就业 5 个方面（见图 4-9）。特别是前三者，表明在招收工作中，专业咨询、费用、流程仍有改进的空间，工作仍需做得更加细致扎实。

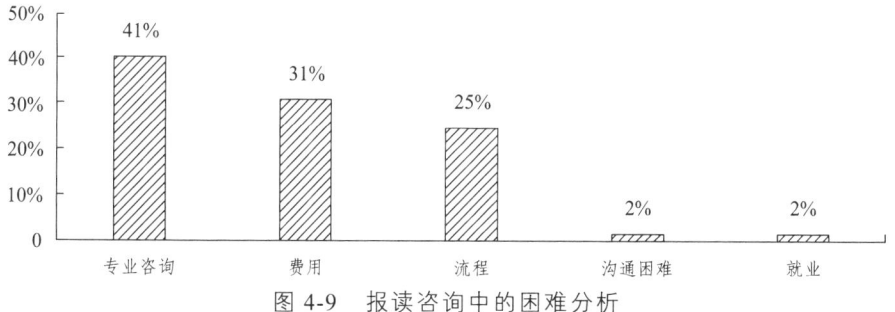

图 4-9　报读咨询中的困难分析

（三）入学后学校生活管理评价分析

1. 入学后的不适感调查

存在不适感的学生占整体的 16.4%，按照性别差异分析，女生比例较高，占女生群体的 20%。按照生源地区分析，来自广西百色地区的学生不适感略高（见表 4-4）。不适表现依次为宿舍方面、饮食习惯、生活费用、其他、孤独感、无法融入深圳学生群体（见表 4-5）。

表 4-4 按地区分析进入学校的不适感觉

	总人数	不适应感人数	群体比例
百色	428	52	23%
郧西	37	4	11%
汕尾	223	57	13%
总计	688	113	16.4%

表 4-5 不适的表现及比例

选项	小计/人次	比例
宿舍方面	53	41.73%
饮食习惯	53	41.73%
生活费用	53	41.73%
孤独感	28	22.05%
无法融入深圳学生群体	23	18.11%
其他	38	29.92%
本题有效填写	127	

当被问到"经过努力，不适感最终是否消除"时，127 份有效问卷中 81.89% 的同学表示已经消除，仍未消除不适感的同学 23 人，占比 18.11%。不适感消除的主要方法依次为个人克服（80.7%）、学校老师帮扶（34.62%）、同学帮扶（32.69%）、其他（11.54%）。仍然没能消除不适感的方面，反馈信息归类为 10 类，其中人群差异、宿舍问题最为突出且难以消除（见图 4-10）。

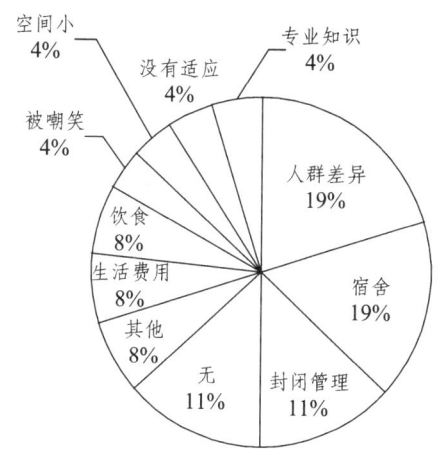

饼图内容:
- 空间小 4%
- 没有适应 4%
- 专业知识 4%
- 被嘲笑 4%
- 人群差异 19%
- 饮食 8%
- 生活费用 8%
- 其他 8%
- 无 11%
- 封闭管理 11%
- 宿舍 19%

图 4-10　仍然没有消除的问题

上述调查结果对改进帮扶生来校后的管理服务具有重要的参考意义。从地区情况分析，来自广西百色地区的帮扶生不适感程度最高，主要原因是百色地区地理位置相对较偏，大多数学生来自偏僻山区，对城市学习生活需要时间适应。宿舍、饮食习惯、生活费用位列不适感的前三位，为学校有针对性地做好帮扶生关怀提供了依据，帮助帮扶生尽快适应来深圳后的环境，必须着重从 3 个方面着手：在宿管分配、餐饮上尽量满足学生要求；对困难学生尤其是新生，要及时掌握经济状况，及时帮扶解困；开展校内勤工俭学或校外兼职活动。

消除不适感的主要方法，个人克服占 80.7%，可见大部分帮扶生能够通过个人的努力消除不适感，有较强的适应能力。另外，老师帮扶占 34.62%、同学帮扶占 32.69%，因而老师及同学的作用也相当重要。学校向帮扶生相对集中的班级选派优秀班主任，以及采取师生、同学之间"结对"帮扶方式能够在一定程度上有助于帮扶生消除不适感。

2. 学习生活感受

在学校针对对口帮扶地区的学生解决生活方面困难的措施中，勤工俭学成为学生最认可的方式，其次为补贴，最后是节日茶话会和心理辅导。这些措施对帮助学生顺利完成学业的调查显示，多于 96% 的学生认为有一定帮助。

此项调查所涉项目均为学校为帮助学生解决困难安心学习的校内举措。"勤工俭学"的作用超过"餐费补贴"和"免费校服",表明帮扶生高度认可通过自己的劳动获得补助的方式,这对培养学生立志改变命运的精神颇有裨益。餐费补贴占第二位,表明帮扶生经济拮据程度较高,基本的餐费仍是重要的支出项目。节日茶话及心理辅导是学校向帮扶生持续开展多年的帮扶项目,目的是消除同学逢年过节思念家乡及亲人产生的孤独感,并及时解决心理问题。提供免费校服则是让帮扶生在穿着上尽可能与深圳的学生一致,加快融入来校后的集体生活,但认可程度不高,需要进一步研究具体情况。(见表4-6)

表4-6　学校在学生生活方面采取帮扶措施的感受分析

选项	小计/人次	比例
勤工俭学	500	72.67%
餐费补贴	426	61.92%
节日茶话	224	32.56%
心理辅导	162	23.55%
免费校服	85	12.35%
其他	116	16.86%
本题有效填写	688	

在课余活动中,除了与同学的日常交往外,其余受欢迎的活动为体育锻炼、去图书馆看书、社团活动、专业竞赛小组活动。与同学交往占近60%,反映大部分帮扶生乐于交往。参加体育锻炼和去图书馆看书的占比接近50%,参加社团活动的接近40%,专业竞赛小组活动的超过25%,这些都从不同方面反映了学生健康向上的课余生活。(见表4-7)

表4-7　学生在校课余活动的喜好程度分析

选项	小计/人次	比例
与同学交往	406	59.01%
体育锻炼	325	47.24%
去图书馆看书	321	46.66%

续表

选项	小计/人次	比例
社团活动	258	37.5%
专业竞赛小组活动	182	26.45%
其他	78	11.34%
本题有效填写	688	

学校每年4月的技能节活动是展示专业学习成果、培养学生自信、创建学生技能交流、增强团队意识的开放平台。调查中，66%的受帮扶学生表示参加过，除2019级学生还没有参加外，以往技能节未参加的有53位同学；没有参加技能节的原因中不自信的占52.8%，无兴趣的占45%。最受欢迎的学校活动依次为校内竞赛、展示项目、专家讲座、校院双选会、校企比武。技能节活动对学生成长的影响如表4-8所示。

表4-8 技能节活动对学生成长帮助的分析

选项	小计/人次	比例
增长见识	368	80.35%
丰富我的课余生活，令人愉悦	315	68.78%
激发我向优秀同学学习的动力	277	60.48%
展示我的个人才能，更加有自信	247	53.93%
增加归属感	216	47.16%
其他	18	3.93%
本题有效填写	458	

3. 学习生活整体评价

整体而言，帮扶生认为"在深圳学校的几年生活经历，对价值观的影响"依次为为人处世、礼貌礼仪、个人理想&职业规划、工作价值观、人生观等方面（见图4-11）。

"Q24.对学校生活方面管理和帮助情况给出整体评价"中，整体满意度为75.58%，不满意的占0.73%。按入学年份的评价分析，2016和2017级参加企业实践和工作的学生评价比较高（见图4-12）。建议涉及33条，有效建议 20 条，建议对高起点学生取消封闭式管理，支持校外兼职；改善宿舍条件，允许没有课时自由在宿舍休息等；另外建议增加师生交流沟通的机会。

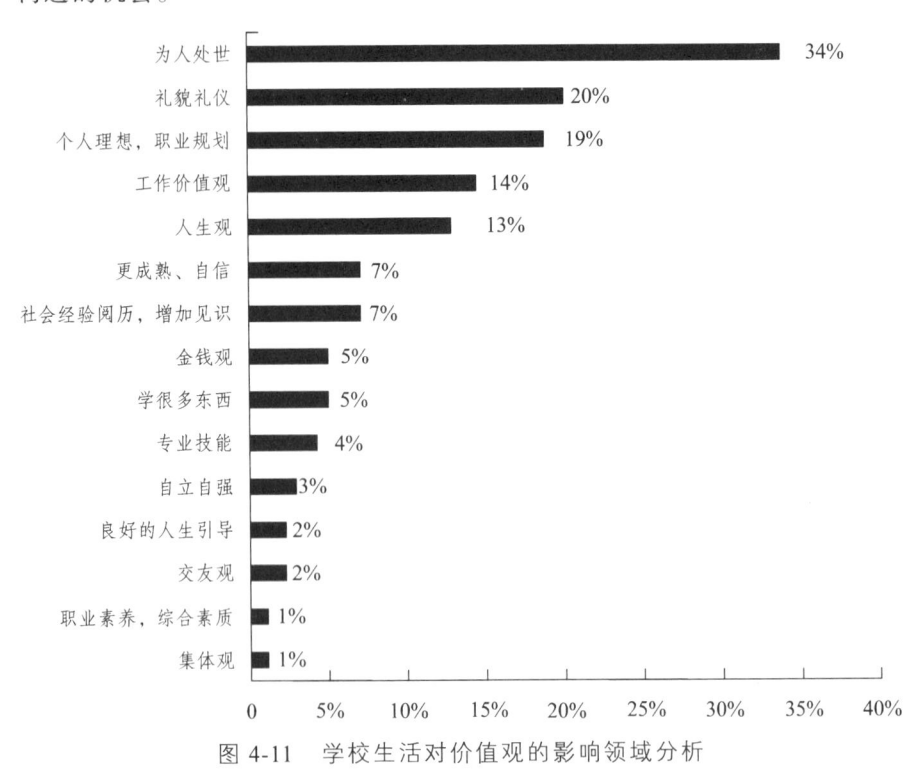

影响领域	百分比
为人处世	34%
礼貌礼仪	20%
个人理想，职业规划	19%
工作价值观	14%
人生观	13%
更成熟、自信	7%
社会经验阅历，增加见识	7%
金钱观	5%
学很多东西	5%
专业技能	4%
自立自强	3%
良好的人生引导	2%
交友观	2%
职业素养，综合素质	1%
集体观	1%

图 4-11 学校生活对价值观的影响领域分析

	总体	2016级	2017级	2018级	2019级
满意	71%	77%	76%	58%	64%
一般	28%	23%	24%	41%	36%
不满意	1%	0	0	3%	0

图 4-12 按入学年份对学校生活方面的管理和帮助的评价分析

从上述调查结果看，帮扶生对学校生活方面的管理与帮助高度肯定，不满意的不足1%，表明学校整体帮扶措施有相当高的有效性。与前述调查一致，已就业及实习的年级评价最高，再次印证了帮扶生对学校办学内涵与质量以及对深圳经济特区城市活力与魅力的认可程度伴随熟悉程度和个人成长而不断提高。对改进方面的意见，相对集中在前3个建议，有2项涉及宿舍管理，表明宿舍管理有改进的空间。宿舍封闭管理是安全防控要求的进一步强化，在加强管理的同时，需要解决加强管理与方便帮扶生校外兼职之间的冲突，处理好2个方面的矛盾。

（四）学校专业学习评价分析

"Q25.教学设备和设施对专业学习的支持程度"中，30.52%的学生认为完全满足，66.5%的学生认为基本满足，2.91%的认为不足。在"Q26.学校课程设置的优点"上，学生认为学校课程注重实操、实用性强，基础课程扎实，课程涵盖广泛（见表4-9）。

这些都体现了深圳公办技工院校的基本情况与办学实力，作为经济发展位居全国前列的一线城市，深圳财政在学校的投入方面相对充足，技工教育所需的教学设备和设施配备齐全，因此选择基本满足以上的比例较高。但仍有少数学生认为不足，可能与不同专业之间设施设备的不平衡、结构不尽合理有关系，总体上基本能满足，但个别专业有所欠缺。

表4-9　学校院（系）课程设置的优点（多选题）

选项	小计/人次	比例
注重实操实践	503	73.11%
实用性强	460	66.86%
专业基础课程扎实	456	66.28%
课程涵盖广泛	395	57.41%
有拓宽视野的空间	340	49.42%
贴近企业与岗位实际	328	47.67%
新技术引入及时	228	33.14%
其他	36	5.23%
本题有效填写	688	

在"Q27.学校的老师在你专业成长中提供了哪些方面的帮助"问题中,被调查学生对于教师的作用按评价比例高低顺序依次为:专业知识、专业技能、思想品德、择业指导、人生规划,且均超过半数(见图4-13)。"Q28与您以往的学习经历相比,学校实行的一体化教学模式的感受"评价中,71.66%的同学认为与以往学习有极大不同,对学生个人专业发展更有帮助。

教师多维度作用评价顺序基本符合预期。有超过70%的同学认为在学校学习的模式与以往的学习有极大不同,这充分反映了技工学校工学一体化教学的特点。自2010年参加国家人社部一体化课程教学改革试点起,学校推进一体化教学改革已长达10年,取得了明显的成效。构建了显著区别于其他类型学校的教学模式,让学生有完全不一样的学习感受。同时,调查结果还表明,大部分学生认可一体化的教学方式,认为对学习更有帮助。进一步引申得出结论,即一体化课程教学是实施技能教育行之有效的方法,学校应继续坚持并进一步深化改革。

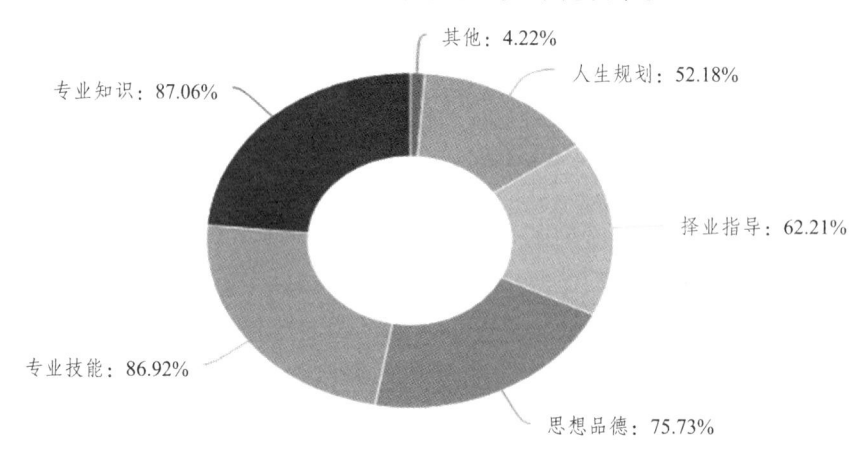

其他:4.22%
人生规划:52.18%
专业知识:87.06%
择业指导:62.21%
思想品德:75.73%
专业技能:86.92%

图4-13 学校的老师在专业成长中的帮助

在考取职业等级证书方面,2016级全部完成校内学习,三年制班级已毕业,四年制学制班处于实习阶段。2017级和2018级部分四年制学生仍处于在校学习阶段,未到报考等级证书时段。结合实际情况分析,该项问题数据2016级的数据为有效数据,取得证书率为93.9%(见图4-14)。

图 4-14 取得职业等级证书比例

"Q31.专业等级证书对您的就业是否有帮助"中，针对 2016 级已经毕业且拿到等级证书的学生进行调查，总体评价积极，大部分学生感觉职业等级证书对就业有正向作用，眼视光技术、楼宇智能化技术及工业机器人应用与维护专业的学生表示"帮助很大"的均超过 60%（见图 4-15）。同时也有 13% 的学生表示帮助不明显，其中数控编程、无人机应用技术专业的学生选择"帮助不明显"评价的超过 30%。进一步交叉分析发现，数控编程专业中感觉帮助不大的评价人员中 18% 在实习时选择自找企业，未在行业中工作，这也可能是一个感知评价的影响因素（见表 4-10）。无人机应用技术专业为学校新开设的专业，市场待成熟。

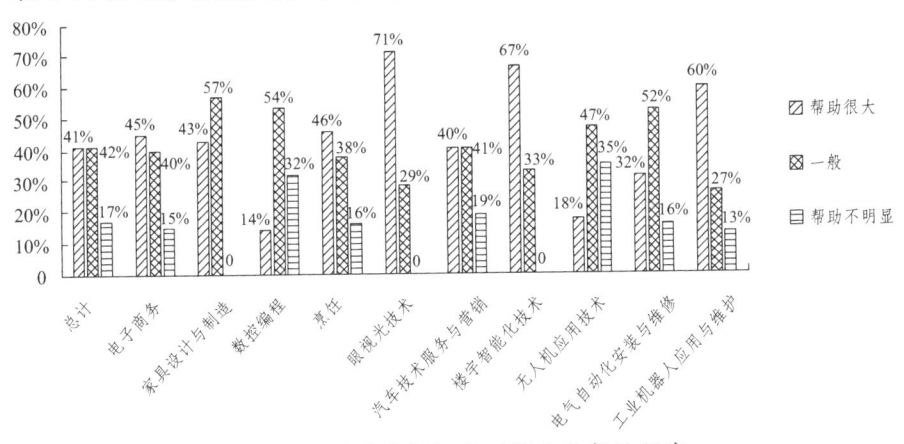

图 4-15 专业等级证书对就业的帮助程度

表 4-10 专业等级证书对就业帮助不明显与顶岗实习自找企业的交叉分析

	帮助不明显	自找实习企业
数控编程	32%	18%
无人机应用技术	35%	6%

(五)企业顶岗实习及就业情况分析

1. 实习情况分析

在顶岗实习方面,学校安排了91.52%的学生与专业相关的实习单位。在是否最终选择自找单位方面,21.52%的学生选择自找企业。针对自找实习单位的主要原因,回收有效问卷87条。个人发展比例最高为82%,其次是薪资原因和个人喜好。(见表4-11)

自找企业的原因,居第一位的个人发展因素与其他因素比例悬殊,可以归结为个人发展是学生选择自找企业的首要考虑因素,选择薪资因素的比例低,也可以反证学校安排的工作单位薪资水平得到学生认可。

表4-11 顶岗实习选择

项目	小计/人次	比例
个人发展	71	82%
薪资	5	6%
不喜欢	5	6%
离家远	3	3%
招聘会签约	3	3%

在实习期间学校的帮助方面,主要认为学校在安排实习岗位、与企业之间的沟通、实习指导老师指导方面发挥的作用比较突出。

这与学校所建立的实习管理与就业服务的机制较为成熟有较大关系。深圳鹏城技师学院历年来高度重视学生就业工作,以实现学生的高质量就业为办学的重要目标,不仅提前为学生提供企业双选会,而且重视加强实习管理与实习转就业工作,对帮助学生适应从学习到工作的变化以及工作环境、促进学生就业起到重要作用。

专业对口实习方面,86.1%的同学认为学校所教授的知识和技能基本满足学生胜任工作岗位的需要。在不同专业中,学生对于在校专业学习对专业对口工作满足程度的反馈存在一定差异,其中楼宇智能化技术比例偏低,需要对人才培养方案及课程设置进行研究分析,提高专业教学的针对性和有效性,使学校教授的知识技能与生产实际紧密衔接,帮助学生能力更加贴切工作岗位实际（见图 4-16）。

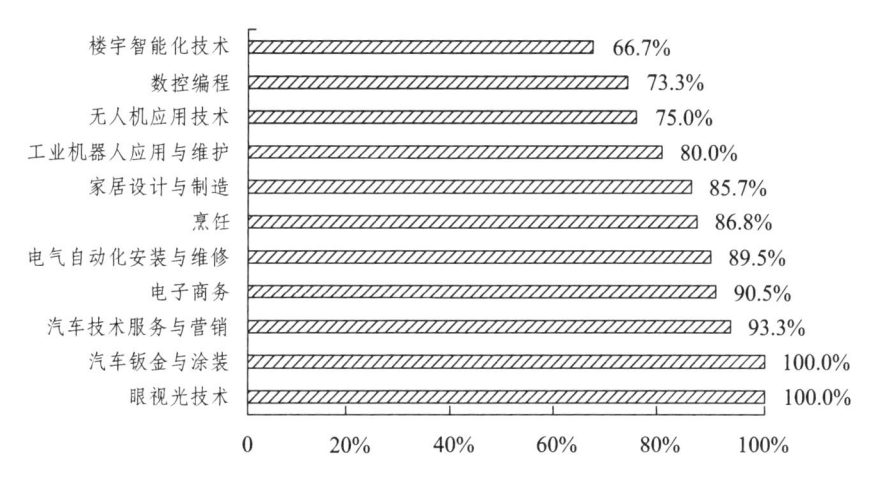

专业	百分比
楼宇智能化技术	66.7%
数控编程	73.3%
无人机应用技术	75.0%
工业机器人应用与维护	80.0%
家居设计与制造	85.7%
烹饪	86.8%
电气自动化安装与维修	89.5%
电子商务	90.5%
汽车技术服务与营销	93.3%
汽车钣金与涂装	100.0%
眼视光技术	100.0%

图 4-16　学校所教授的知识和技能对胜任岗位完全和基本满足
选项按所学专业分析

学生认为根据工作需要建议纳入课程中的项目，分布于 14 类课程，有效答案 299 份。其中加大实践类课程的占 26.1%。专业课程拓展知识、职场人际关系、安全操作、计算机类的建议占比较高。（见图 4-17）

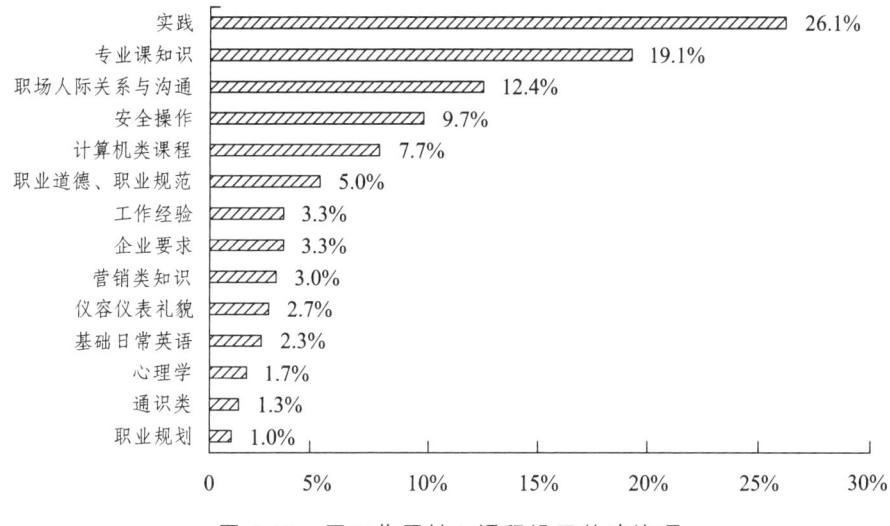

项目	百分比
实践	26.1%
专业课知识	19.1%
职场人际关系与沟通	12.4%
安全操作	9.7%
计算机类课程	7.7%
职业道德、职业规范	5.0%
工作经验	3.3%
企业要求	3.3%
营销类知识	3.0%
仪容仪表礼貌	2.7%
基础日常英语	2.3%
心理学	1.7%
通识类	1.3%
职业规划	1.0%

图 4-17　因工作需纳入课程设置的建议项

2. 毕业情况分析

"Q38.学生毕业后是否留在深圳工作"反馈有效问卷 231 份，均为 2016 级学生。目前有 88.74%的学生仍留在深圳工作，表明帮扶生对深圳认可程度较高，经过学习后能够适应深圳的环境。而帮扶生留深就业，正是实现帮扶地区劳动力转移就业的目的所在。帮扶生就业整体专业对口率为 64.5%，自主创业为 3.46%，专业对口率与自主创业率不高，仍有较大的提升空间。各专业深圳留存率与专业对口率如图 4-18 所示。

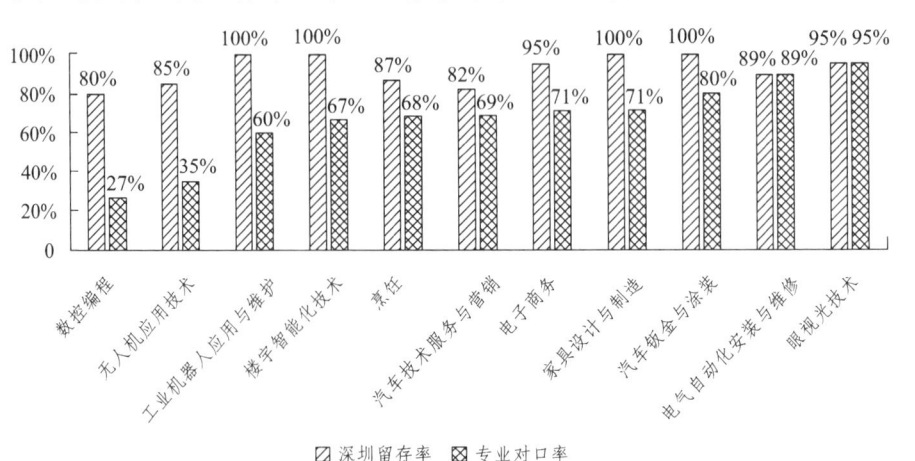

图 4-18 按所学专业分析深圳留存率及专业对口率

帮扶生毕业第一年的月均收入超过 50%的在 4 000 元以上，48.48%的学生低于 4 000 元。在低于 4 000 元工资的专业中，烹饪专业比例最高，达 79%。这需要具体分析，原因在于烹饪专业毕业生均就业于各大五星级酒店，提供食宿是主要的福利待遇。无人机应用技术专业为学校新开设的专业，尚未完全成熟，工作岗位需要继续挖掘，校企合作仍有待深化。各专业薪资待遇如图 4-19 所示。

"Q41.工作前景及收入状况是否可以帮助您和家人改善原有生活"调查显示，74.45%以上的同学认为有所改善，且 18.61%的认为改善较大，但仍有 25.54%的认为改善不大。在认为改善不大的群体中，在跨专业能力培养方面，认为深圳鹏城技师学院的学习经历在个人素质（74.85%）、人际交往（69.77%）、基础知识（68.6%）、综合能力（67.1%）等各方面仍有帮助。

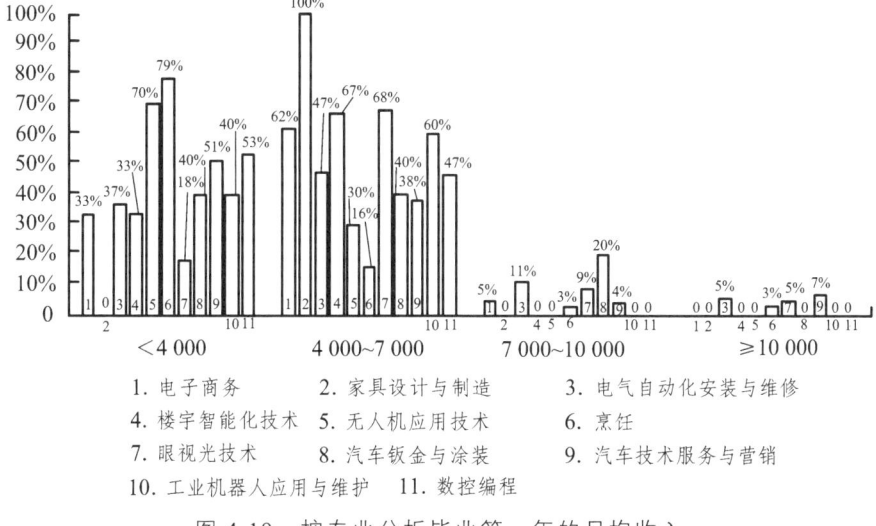

1. 电子商务　　　　　2. 家具设计与制造　　　3. 电气自动化安装与维修
4. 楼宇智能化技术　　5. 无人机应用技术　　　6. 烹饪
7. 眼视光技术　　　　8. 汽车钣金与涂装　　　9. 汽车技术服务与营销
10. 工业机器人应用与维护　　11. 数控编程

图 4-19　按专业分析毕业第一年的月均收入

调查结果证明帮扶项目取得了明显成效，首先是大多数同学通过来深学习工作改善了家庭状况，这是该项目实施的目的之一。更为重要的是，提升了个人素质、人际交往、综合能力，开阔了个人视野，对阻断贫困的代际传递起到了重要作用。

在调查最后，学生也对学校帮扶工作提出了 400 余条建议，比较集中和突出的包括以下 9 个方面：

（1）针对帮扶生存在自卑感建立心理辅导机制。
（2）增加为人处世、社会交往技巧的课程或讲座。
（3）计算机基础知识相对薄弱，开放机房增加练习。
（4）针对帮扶生基础弱的特点，增加课外专业理论讲座或兴趣班。
（5）再多建立一些校内外勤工俭学平台，让学生能自给自足。
（6）再多一些企业实践的机会，组织周末、暑期企业兼职。
（7）增加实操训练，组织基层竞赛。
（8）与企业定向培养，联合招收帮扶助学订单班。

（9）入学时讲一讲深圳发展史，让学生了解、热爱深圳这座城市。

上述征集建议弥补了调查问卷设计的不足，能够使调查更加全面、真实，相关建议对改进技能帮扶工作有积极的参考作用。其中，第一、二项建议反映了帮扶生普遍存在的共性问题，即因家庭经济困难、成长环境导致的自卑心理与自信心不足，由此带来社会交往能力、学习主动性不足。因此，技能帮扶首先要"扶志"，有针对性地开展心理辅导及社交能力培训，让帮扶生客观、正确地看待家庭及自身存在的困难，坚定努力学习、改变命运的信心与决心，勇于克服自卑、走出自我封闭，积极参与社会活动，培养乐观向上的精神。

第三、四项与上述问题相似，也是帮扶生居于前位的共性问题，即学习基础差。原因在于来校前，学生受制于当地的教学条件或自身的学习经历，在基础课程的知识掌握上普遍较弱，尤其是英语及计算机方面，对于选择物流、电子商务、新媒体应用等专业的帮扶生，需要有较好的英语或计算机基础，这一项的确易使入校后的专业学习困难。因此，在帮扶生入学后，根据专业要求，对学生的基础进行摸底，根据专业学习要求加强辅导、补齐短板，以利于今后的专业学习。

第五、六项主要是帮扶生经济问题。大多数帮扶生来校后，因家庭经济困难，往往难以负担学杂费用。这也是对帮扶生实行减免学费的同时给予生活补贴的原因。但生活补贴主要是学生在校的伙食及生活最基本支出，其他仍需要学生通过参加学校勤工俭学或校外兼职获得额外的经济收入，以支持在深圳完成学业。在勤工俭学上，尽管学校已尽量将相应岗位向帮扶生倾斜，但受制于报酬标准及工作时长的政策规定，并不能完全满足学生的需要，因此，帮扶生需要利用周末时间参加校外兼职活动。从多年的情况来看，一般经过半年左右的适应，有意愿的学生均能通过学校组织或其他渠道获得兼职，这也与深圳城市经济发达、用工需求旺盛有很大的关系。而且学校位于中心城区，交通出行便利，也极大地方便了学生从事兼职活动。

其他建议学校也采取了相应的措施，比如在招生宣传中，不仅宣讲招生政策，也着重宣传学校历史与深圳的发展史，在帮扶生入学之后，在新生入学教育中注意加入校情、市情、国情教育。

三、调研总体结论

通过本次满意度问卷的分析，得出以下具体结论：

（1）教育帮扶项目获得参与学生的充分肯定，不满意比例仅为1%，说明深圳鹏城技师学院通过实施帮扶合作、保障与精准扶志、扶智、扶技的模式，获得对口帮扶地区学生的高度认可与一致好评。

（2）帮扶合作与招生宣传工作，充分体现了政府、学校和社会三方合作的影响力，尽管不同地区三方的影响力略有不同，但基本上体现了技能帮扶招生政府主导搭台、学校落实以及社会支持配合的局面。

（3）在专业报读方面学生自主选择意愿占比最高，这对日后坚持完成学业起到重要作用。同时应注重他人建议的影响作用，结合报读困难分析发现专业咨询及报读流程咨询较为突出，日后应充分利用学校的专业优势进行正确引导，避免盲目填报。

（4）入校后学生发生不适感比例为16%，其中女生群体的比例要明显高于男生，需结合学生建议，在新生入校后做针对性的帮扶安排和心理辅导。

（5）对校园生活管理的不满意比例仅为0.72%，获得学生的充分肯定和认可。生活帮扶的措施中，勤工俭学是学生认可度最高的项目，说明学生自立意识较强，对校内外兼职的需求比较高；在校园生活管理方面，比较突出的矛盾是宿舍管理，一个是住宿条件，另一个是封闭管理，结合建议收集表明帮扶生都是高中起点生，有较为强烈的自主意识，需要在做好校园管理的同时兼顾学生需求。

（6）在专业教学方面，对硬件设施、教学设备、教学模式、教师作用等方面，学生的评价较高，结合毕业生等级证书通过率可以说明技能帮扶方面效果显著；在不同专业之间专业等级证书对就业的帮助存在差异，结合专业知识满足工作程度之间相关性存在差异，建议进一步研究。

（7）2016级学生深圳留存率达88.7%，专业对口率64.5%。毕业后一年内的月工资收入平均不低于同级别广东省毕业生收入。①

（8）技能帮扶项目在个人多维度综合能力方面获得认可，这方面与推行一体化教学模式、丰富的课余活动有较大的关系，且对于学生职业发展有较大的益处。

第二节　实施成效分析

在第一节内容中，着重对帮扶生的技能帮扶成效进行调查分析，原因在于对帮扶生的帮扶既是技能帮扶工作的重点，同时贯穿了学校对口帮扶工作的始终，无论在"点"上还是在"面"上以及过程当中，都值得深入研究。近10年来，学校历年招收的帮扶生数量已达1 300多名，数量上达到了可观的程度。这涉及1 000个家庭，连同家庭成员在内，多达数千人。这些帮扶生，来自全国不同地区，既有广东省内的，也有广东省外的；既有共同特征，也有地域特征；既有以汉族为主的，也有以少数民族居多的。招收帮扶生实施学制技能教育，高级技工班学习时间需要3年，预备技师班学习时间需要4年。在此过程中，需要经过招生宣传、答疑解惑、专业选择、资格确认、招生录取、新生报到、入学教育、军事训练、心理辅导、专业学习、顶岗跟岗实习、毕业就业等诸多环节，是一项环节多、时间长、跨度大的系统工程，也是政府重视、家长关心、社会关注的民生工程，需要学校投入大量的人力、物力、财力，更需要学校管理者与教职工投入大量的时间、精力与心血。从本课题开展的调查来看，学校多年的帮扶生帮扶项目，取得了良好的成效。这与学校全体高度重视、扎实细致的工作、不折不扣落实帮扶助学政策、充分发挥教师的能动性、创造性地开展帮扶工作密切相关，贯彻落实了习近平总书记"真扶贫、扶真贫、真脱贫"的重要指示精神。

---

① 根据广东省教育厅公布《2019年广东省高校毕业生就业质量年度报告》毕业生初次就业的平均月薪为4 443元判断。

在对帮扶生技能帮扶项目成效开展深入调查分析的同时，课题组还从学校、企业、受帮扶地区以及社会等角度对技能帮扶成效进行多维度的定性分析，分别是学校技能帮扶的精准性、学生和企业获得的利益、受帮扶地区职业教育水平的提高以及社会各界的评价等方面，以与前者的全方位、多向度的定量分析相互对照、相互印证。

一、技能帮扶举措真精准

2010年以来，深圳鹏城技师学院结合帮扶工作实际情况和学校办学特色，紧紧抓住技能帮扶工作的"牛鼻子"，开展以精准技能帮扶为主的智力帮扶工作，充分激发自身技能帮扶的积极性和创造性，先后面向贵州黔南和毕节、广东廉江和汕尾、湖北郧西、广西百色、新疆喀什等地开展对口帮扶工作，并与贵州黔南州技工学校、广西田东职业技术学校以及省内陆丰技工学校、海丰县中等职业学校等建立合作帮扶关系。一是招收帮扶生上千名，实现了"培养一人，就业一人，脱贫一户，带动一地"的帮扶目标，实现了职业教育政策与帮扶政策的创新落实，产生了"星星之火可以燎原"的积极效应。二是学校发挥自身职能和资源优势，主动作为，通过创新帮扶机制，使单纯的物质帮扶转变为智力帮扶，使帮扶成果由"一次性受益"转化为当地群众"终身受益"，使有限的帮扶资金发挥了无限的积极作用，特别是在广西百色、湖北郧西的技能帮扶工作中，获得学生一致好评。三是在帮扶学生的同时，学校深入对口帮扶地区，访民情，体民意，无私奉献，以心感人，以情动人，用行动阐释深圳经济特区对口帮扶精神，赢得了对口帮扶地区政府和人民群众的肯定和赞许，使深圳精神、深圳质量、深圳文化得到了传播和体现。四是切实结合对口地区产业发展需要。例如在对口帮扶贵州黔南州的过程中，主要依托汽车技术系开展技能帮扶工作；对口帮扶广东陆丰技工学校的过程中，则主要依托汽车技术专业、电子商务专业等；在对口帮扶广东海丰县中等职业技术学校的过程中，则主要依托眼视光专业、电子商务专业等。其中汽车、电子商务相关专业也是帮扶生选择较多的热门专业。

可以说,学校多年来的技能帮扶,充分体现了精准性。招收的帮扶生,从前期招收的经过当地政府部门认定的贫困家庭学生,到实施精准帮扶后的建档立卡贫困家庭学生,其家庭贫困程度均有明确的政策标准及认定程序,帮扶直接面向帮扶生个体及其家庭,经过学习就业后,其所在家庭均得以脱贫。对帮扶生实施技能帮扶,能使学生掌握一技之长,长期受益,实现了帮扶工作的长效性。学校在多年的帮扶工作中,充分发挥特区开荒牛、孺子牛、老黄牛的"三牛精神",以及"闯"的精神、"创"的干劲、"干"的作风,以求实的态度、实干的作风、扎实的举措、踏实的工作赢得当地政府、群众、贫困家庭的认可,将特区精神融入帮扶工作当中,弘扬到受帮扶地区,在帮扶中展现特区精神、特区风貌,在工作中体现大局意识、责任担当,真精准、真帮扶、真脱贫。

二、学生和企业得到真实惠

教育帮扶通常会面临 2 个问题:一是受教育者的机会成本会影响其对教育帮扶的态度,或有可能提前就业,而导致不能完成学业;二是完成学业后,帮扶效果仍难以评估,特别是在短时间内难以评价。因此,针对深圳鹏城技师学院 10 年之久的技能帮扶案例分析,所完成的帮扶成效分析具有较强的研究价值。实践证明,面向帮扶生的技能帮扶,最重要、最直接的目的,是让学生得到真实惠。一方面,助学政策的完善,不仅能减轻家庭负担,得以让帮扶生安心学习完成学业,按照现行脱贫标准,实现帮扶生入学即脱贫。另一方面,技能帮扶又不仅限于此,减免学费、各类补贴只是学生的短期实惠,真正受益的是学生通过规范的学制技能教育,扎实掌握专业技能,实现高质量就业。不仅能脱贫,而且能致富,更能实现可持续发展和更高的人生价值,追求更高的理想目标。帮扶生来校后,通过专业、系统、扎实的岗位技能训练,以及社会能力、综合能力的提升,再结合帮扶生朴实踏实、甘于奉献的特点,扎根一线工作岗位的工作态度普遍得到了市场认可,学生及企业均得到了利益，实现了学生与企业的双赢。

以第一批黔南学生为例，该批学生经过专业化、系统化、职业化的技能教育和严格的考核，于 2014 年 5 月起分别在深圳长安标致汽车制造厂、海王星辰等企业开展顶岗实习，实习期间工资普遍达 4 500 元左右。其收入水平已明显高于黔南当地普通就业者的收入水平，初步实现了对口帮扶"培训一人、就业一人、脱贫一户"的工作目标。2014 年，学校虽已停止黔南对口帮扶招生工作，但因为毕业生的脱贫效应，仍有大批当地学子希望能够继续来校就读。2017 年，学校对口帮扶的汕尾籍烹饪专业 76 名毕业生，顺利完成学业，并顺利就业。其中，自主创业 4 人。学校对口帮扶的汕尾籍眼视光专业 61 名毕业生，主要就业于博士眼镜连锁股份有限公司、爱视眼科、湖南光合作用集团、宝岛眼镜等企业。同时，企业对学生的动手能力、吃苦耐劳、文明礼貌等综合素质给予了充分肯定和高度评价，希望学校能多输送这样的学生来企业实习和工作。目前，从深圳鹏城技师学院毕业的帮扶生家庭全部脱贫，部分毕业生还回乡创业，促进了当地相关产业的发展。

三、对口帮扶地区职教水平得到真提高

阻断贫困代际传递，教育要公平，更要改革，尤其是对口帮扶地区职业教育改革。深圳鹏城技师学院通过采用校校合作形式，在关注帮助提升帮扶生技能水平和改善对口帮扶地区技能教育硬件设施设备的同时，更注重对帮扶地区技能教育能力的"传、帮、带"，把深圳先进的技能教育理念和机制，传播到帮扶地区，使帮扶工作由"输血式"帮扶转变为"造血式"帮扶，助推对口帮扶地区经济社会发展"原动力"建设。例如，在对贵州黔南州的帮扶工作中，学校支教团队不仅为黔南州技工学校培养了 2 名获得贵州省中职院校技能大赛一等奖的学生以及 2 名分获全国中职院校技能大赛二、三等奖的学生，刷新了贵州省的最好成绩，还先后为黔南州技工学校培养 25 名专业教师，为该校实训室建设提供了切实指导和示范，助推了校园文化建设，使黔南州技工学校高技能人才

培养能力显著提高。又如在对口帮扶广西百色工作中，深圳鹏城技师学院与百色田东职业技术学校共同制订3年行动计划，以引导和促进该校管理水平、教学质量等全方位提高。目前已开展长期和短期培训8批次，培训教师近百人次，并帮助田东职业技术学校建立技能培训鉴定基地，实现了田东县技能培训鉴定从"无"到"有"的转变。

鉴于不同受帮扶地区与当地院校的差异，学校在实施校校合作过程中，尤其注重精准靶向。在开展帮扶之前，双方要进行多次互访交流，从学校领导层面到一线教师层面，从面对面座谈到实地考察，务求详细了解双方的实际情况，真实掌握受帮扶学校的需求，制定切实可行的帮扶方案，从"国家所向、深圳所能、学校所需"精准实施校校对口帮扶合作。帮扶内容既是受帮扶地区与院校所需，也是深圳及学校所能，因此，帮扶工作得以可持续进行且成效显著。以帮扶田东职业技术学校为例，为做好校校对口帮扶合作，深圳鹏城技师学院开展了深入调研，摸清情况，理清思路，并提出具体的对口帮扶对策。

【调研案例4-1】开展深百协作　助力脱贫攻坚
——对口帮扶田东中等职业学校调研报告

1. 调研背景

2017年3月15日，广东省与广西壮族自治区签署"十三五"时期粤桂扶贫协作框架协议，这是两省区认真贯彻落实中央关于加强东西部扶贫协作的决策部署、携手推动区域协调发展的重要举措，也是粤桂两省区长期良好合作的延续和深化。此举标志着两省区加强扶贫协作、区域合作进入了一个新的阶段，两省区将围绕打赢脱贫攻坚战总目标，发挥各自优势，聚焦脱贫攻坚，深化区域合作，确保扶贫协作各项工作取得更大成效。

根据粤桂扶贫协作框架协议，深圳将全方位对口帮扶百色及河池地区。作为两地农村贫困劳动力转移协作的内容之一，广东省第二扶贫协作工作组及市人力资源社会保障局安排深圳鹏城技师学院对口帮扶百色市田东中等职业技术学校（以下简称"田东职校"）。为切实做好对口帮扶田东职校的相关工作，学校成立了由校领导、教学督导、对外交流合作中心以及相关院系骨干组成的调研工作小组，于2016年12月至2017年1月期间，通过实地考察、与田东职校座谈交流等方式启动调研，深入了解田东职校基本办学情况和办学条件，为有针对性地开展对口帮扶工作提供参考。

2. 基本情况

田东职校创建于1985年，经过多年建设，已发展成为广西壮族自治区示范性职业学校以及农民工培训实训基地。目前，学校校园总面积达313.8亩（约20.9万平方米），校舍总面积达51 521平方米，实训设备总价值达2763万元，图书57 010册。学校教职工159名，其中专任教师113人，全日制在校生4 300名，年培训量近6 000人次。学校开设有模具制造技术、数控技术应用、汽车运用与维修、机电技术应用、电子电器应用与维修、计算机应用、酒店服务与管理、化学工艺、现代农艺、畜牧兽医、服装设计与工艺、学前教育、会计、物流管理、信息服务管理等15个专业，其中模具制造技术、汽车运用与维修专业属自治区级示范性专业。

近年来，为了适应现代职业教育的发展需要，在各级党委、政府的大力支持下，学校不断加大建设投资力度，筹措资金1.2亿元实施扩建，已建成教学楼、实训楼、学生公寓楼、学生饭堂等校舍8栋，以及标准体育场1座、篮球场6个、足球场2个、排球场5个、网球场1个。实训中心内设机械加工中心、电机电子实训中心、汽车摩托车服务中心、生产车间等四大实训基地。利用县级中专学校综合改革"以奖代补"等专项资金进行学校数字化建设，进一步完善校园信息网络。学校教育教学设施日益完善，办学实力与规模位居百色地区中职学校前列，先后获得全国教育系统先进集体、国家教育扶贫试点项目学校、广西县级中专综合改革试点学校等荣誉称号。

3. 调研分析

从调研情况来看，田东职校经过多年的建设，取得了优异的办学成果，已具备了良好的办学条件和基础。

第一，从办学规模来看，田东职校已达到并超过了《中等职业学校设置标准》，按照规定中等职业学校学历教育在校生不少于1 200名，而田东职校2010年在校生规模即已达最低标准要求，目前在校生规模为国家标准的4倍。

第二，从学校建设来看，田东职校校园面积达20.8万平方米，生均用地面积43平方米，均已超过国家关于中等职业学校占地面积规划总用地不少于4万平方米、生均用地面积指标不少于33平方米的要求。另外，国家规定学校建筑规划面积不少于2.4万平方米，生均校舍建筑面积指标不少20平方米，目前田东职校建筑面积为5.15万平方米，生均校舍建筑面积为11平方米（未含正在建设及规划建设的校舍面积）。

第三，从设备设施来看，田东职校实训设备总价值达2 763万元，生均设备价值为5 700多元，也已超过国家规定的生均仪器设备价值不低于3 000元的标准。另外，学校体育场地、卫生保健、校园安全机构、生活设施设备、图书馆和阅览室也达到了《学校体育工作条例》《学校卫生工作条例》等要求。学校数字化建设也取得了较好的成效，具备能够应用现代教育技术手段，实施现代远程职业教育及学校管理信息化所需的软硬件设施、设备。学校拥有所设专业相适应的校内实训基地和相对稳定的校外实习基地，能够满足学生实习、实训需要。

第四，从专业发展来看，学校目前开设了15个专业，专业涵盖了制造业、服务业、农业、教育等行业，与县域经济发展、技能人才需求以及学生就业关联密切，其中模具制造技术、汽车运用与维修专被评为自治区级示范性专业，成为学校的品牌骨干专业。

第五，从学生就业来看，学校通过"校企合作，工学交替"等方式，引企入校，深化产教融合，确保学生学有所成，就业有门。近年来与企业开展订单培训合作，输送毕业生630人，引进企业进校开办电子厂，直接安排困难家庭人员就业315人。学校还全面开展农村实用技术培训，努力提高农村劳动力的素质，累计培训2.13万余人次，真正实现劳动力优势转化为经济优势。据统计，田东职校帮扶生就业率达98%，很多学生的收入已经成为家庭经济的主要来源。充分挖掘广西中高职贯通办学试点学校的政策优势，积极推进职教渗透和中高职贯通办学，打通不同潜质帮扶生成才通道。

第六，从合作帮扶来看，学校以"上学一人，带富一家"的职业教育帮扶为目标，通过政府协调、企业和社会公益事业资助以及校校互助，引入发达省份优质教学资源和发达地区优质企业，创办了"广东百川励志班""海南成美巾帼励志班""上海芬芳巾帼励志班"和"加拿大协力文更班"等各种帮扶助学班，累计投入资金2 000多万元，受益学生达2 000多人次，形成了学校职业教育精准帮扶的新模式。

但与此同时，由于田东职校地处欠发达地区，学校发展受到当地社会经济水平发展的制约，存在一些亟待解决的困难与问题，主要体现在以下6个方面：

第一，教师队伍方面。一是教师总体数量不足，按照《中等职业学校设置标准》，中职学校师生比应达到1∶20，以田东职校目前在校学生4 300名计算，教师人数应在215名以上，目前缺口达50余名，如按照学校"十三五"发展规划提出的"提高学校办学层次，把学校提升为中高职贯通办学的学院"的建设目标，教师的缺口将进一步增加。二是教师结构不尽合理，表现为3个偏少：专业教师偏少，青年教师偏少以及双师型教师偏少。三是教师队伍整体能力有待提升，表现为实操能力不足，编写教材、开展科研的能力偏弱。

第二，专业设置方面。一是专业设置过多，学校共设15个专业，含公共课任课教师在内，平均每个专业教师不足8名，且部分专业生源不足，招生人数偏少；二是所设专业过于分散，专业之间的关联度不大，未能形成相互支撑、相互配合的专业群。三是专业建设机制有待进一步完善，特别是专业动态调整机制、考核评价机制以及重点专业的打造上，仍要加大力度。

第三，人才培养方面。一是合作培养人才的渠道有待进一步开拓。目前学校主要以"2+3"中高职衔接贯通的模式，与自治区内广西机电职业技术学院、广西工业职业技术学院、广西农业职业技术学院、广西职业技术学院、广西金融职业技术学院等职业院校开展人才合作培养，但与发达地区院校的合作较少。二是近 5 年学校有 147 名师生在全市中职学校专业技能大赛中获 50 个一等奖、36 个获二等奖、48 个三等奖，有 43 名学生参加全区中职生技能比赛分别获一、二、三等奖，但参加国家级技能竞赛经验不足，仍未获得过国家级技能竞赛奖项。

第四，实习就业方面。一是校外基地有待进一步开发，需要加大校企合作的力度，提高校企合作质量，与企业建立长期稳定的合作关系，形成校外实训地基网络；二是毕业生到发达地区就业的途径有待开发；二是虽然学校毕业生就业率达 98%，但专业对口率、就业稳定率、家长满意率仍有提升的空间，毕业生到发达地区就业的途径较少，影响了帮扶生劳务输出以及就业质量的提高。

第五，技能鉴定方面。学校除了学制教育外，目前的年培训量已近 6 000 人次，被评为自治区农民工培训实训基地，还承担实施了深百协作扶贫攻坚新居民万人转移就业培训任务，但学校未相应建立职业技能鉴定机构，与其承担的培训任务不相适应，无论在校学生还是社会受训人员，完成技能学习之后不能就近地进行职业技能鉴定获得相应的资格证书。

第六，内涵建设方面。学校目前在人员考核、专项资金、后勤、财务、培训等方面已建立了相关制度，但制度体系仍未完全覆盖学校管理的主要方面，需要着力健全完善学校管理制度，制度的落实执行上也有所欠缺。另外，管理信息化应用有一定基础，但未配合制度广泛使用，精细化、信息化管理水平有待进一步提高。

4. 帮扶对策

从调研情况分析，由于国家、自治区以及当地政府的不断投入，田东职校在办学的硬件条件以及办学规模上，已经达到甚至超过了国家规定的中职学校的标准要求，其短板在于师资队伍建设、专业设置建设、教学科研水平、人才培养能力、制度健全完善等"软件"方面。因此，对口帮扶的重点应放在破解学校建设发展难题、填补学校短板的"软件"

建设上，在提升能力、促进学校内涵式发展上着力。此外，根据深百协作共同打赢扶贫攻坚战的部署，深圳鹏城技师学院对口帮扶田东职校的主要目的是促进学校职业教育事业发展，增强教育扶智脱贫的能力，助推田东县打赢扶贫攻坚战。结合深百协作要求、田东职校对口帮扶需求，提出了以下对口帮扶对策。

（1）实施师资培养计划，促进师资队伍建设。一是开展师资进修培训，两校共同拟订师资培训计划，田东职校派出教师到深圳鹏城技师学院，通过跟班教学、观摩教学等多种形式，为田东职校培养专业师资。二是建立"手拉手"机制，由深圳鹏城技师学院名师、学科带头人、骨干教师等与田东职校教师建立一对一的帮扶关系，通过互相交流教学经验，共同备课，开展公开课教学等活动，促进教师教学能力的提高。三是开展教师岗位技能培训，以"送教上门"的方式，从备课、上课、说课、评课及实训等方面，帮助田东职校加强青年教师培训，提高其专业素养和综合职业能力。四是田东职校派出重点专业教师到深圳鹏城技师学院校企合作企业，参加企业生产实践，提高重点专业教师的实际技能及实践工作经验。

（2）开展教学科研合作，提升教学科研水平。一是共同推动工学一体化教学改革，帮助田东职校引进德国"双元制"人才培养理念，开展工学一体化课程建设及相关教学制度配套改革。二是由深圳鹏城技师学院协助田东职校组织专家访谈会，开发课程标准，编写教学工作页，改革教学方法，推动以教师和课堂为中心的传统教学方式，向以学生和综合职业能力培养为中心的工学一体化教学过渡。三是双方深入开展教研交流活动，定期或不定期互派教师来到对方学校开展教研交流，就合作开展课题研究、课程教学、教材编写、教学标准开发等展开研讨，共同提升教师教研能力。四是双方共同开展教研项目申报与研究，定期交流课题研究成果，共建科技创新服务平台，围绕项目合作、成果转化，建设技术创新服务平台，促进产、教、研结合，积极实现教研成果转化，服务经济建设。五是帮助田东职校提升技能竞赛水平，通过派遣优秀指导教师到田东职校，帮助制定技能竞赛选手选拔与训练方案、指导学生竞赛训练，或者接收田东职校的竞赛选手与指导教师到深圳鹏城技师学院参加学习、训练等，提升田东职校技能竞赛组织与实训能力。

（3）加强专业建设帮扶，优化调整专业布局。一是双方共同开展专业建设，深圳鹏城技师学院的数控编程、模具设计与制造、汽车技术服务与营销、汽车钣金与涂装、现代物流、电子商务等专业，分别与田东职校的机电、数控、模具、汽车维修、电子电器等专业衔接开展专业建设。二是按照"整体建设、突出重点、强化特色、协调发展"的策略，深圳鹏城技师学院派出专家指导田东职校重点打造模具制造技术、汽车运用等品牌专业，以品牌专业为龙头，围绕机械、汽车行业开展专业群建设，强化专业之间的联系，促进学校教学资源的优化整合，适应市场变化，积极培育做大市场急需、人才需求量大的物流管理、信息管理等现代服务专业。

（4）共同制订培训计划，联合培养技能人才。一是共同制订人才培养方案，构建中职与高技衔接课程体系，围绕人才培养目标，共同研究中职阶段和高技阶段的课程结构与内容，推进专业课程体系和教材的有机衔接，完善教学管理与评价，推行"双证书"制度。二是联合开展全日制高技能人才培养，深圳鹏城技师学院招收田东职校毕业生继续来深开展技能学习，并优先安排入读校企合作程度较深的定向培养班或与企业合作开办的现代学徒制专业班，学生毕业后根据学生意愿推荐安排在深圳就业。三是共同实施职业技能培训，根据百色地区及田东县发展需要，结合自身培养能力，双方共同编定培训需求及计划，就近开展订单式职业技能培训，为百色地区及田东县培训各级各类技能人才。

（5）指导技能鉴定机构建设，开展技能鉴定工作。一是指导技能鉴定机构建设，结合当地实际情况，组织专业技术力量，指导与帮助田东职校开展市场调研，共同制订技能鉴定机构建设方案，协助开展相关工种鉴定考点申报工作。二是指导技能鉴定机构内涵建设，采取资源共享方式，指导并帮助田东职校制订符合当地经济社会发展需求的职业工种培训计划、鉴定大纲以及开发适用的技能鉴定题库，完善技能鉴定配套制度建设。三是指导技能鉴定机构日常管理，田东职校派出技能鉴定机构工作人员，学习深圳鹏城技师学院技能鉴定工作的全流程管理，健全日常管理办法。

（6）加强管理建设，促进学校内涵发展。一是双方交流职业院校人事改革经验，共同研讨与建设符合职业院校管理要求的现代人力资源制度，充分激发教职员工的积极性和创造性，促进学校建设发展。二是帮助田东职校深化制度建设，健全完善学校教学管理、学生管理、行政管理、财务管理、后勤管理、安全管理等各类规章制度，并加强信息化应用，以信息化技术保障制度的落实执行，形成一套完整精细、科学高效的管理体系。三是深圳鹏城技师学院接收田东职校的行政管理、教学管理、学生管理人员跟班学习或挂职锻炼，或派管理人员到田东职校进行现场指导，通过相互参与式的管理实践交流，做好"传、帮、带"，提高整体管理水平。

5. 实施情况

调研工作结束后，根据调研分析提出的帮扶对策，深圳鹏城技师学院与田东职校反复协商研究，拟定了《深百协作脱贫攻坚校校合作帮扶框架协议》，明确了合作目标、合作内容、保障措施等方面的帮扶工作内容。报经广东省第二扶贫协作工作组、两地人社部门同意后，双方于1月11日签订了协议。框架协议签订后，为切实推进相关工作，两校又共同印发了《工作实施方案》，详细制订了2017、2018及2019年的工作计划，明确各年度工作计划项目的具体内容、完成时间及负责人员。同时，两校还联合成立了工作领导小组及工作机构，成员包括双方校领导、办公室、教务处、招生办、教研办、培训中心及相关院系人员，设立了学校管理、教学管理、师资培养、人才培养、鉴定机构、宣传工作等6个工作小组（见图4-20）。深百协作脱贫攻坚校校合作帮扶工作稳步推进，并取得了多方面的成果。

图 4-20　双方教师交流听课

四、技能帮扶成果社会真认可

　　帮扶之路一路走来，深圳鹏城技师学院以高度的社会责任感和使命感，用实际行动切实落实深圳市委市政府对口帮扶精神。深圳鹏城技师学院全体教职工凝心聚力，对帮扶生倾注一腔真情，深入帮扶地区，访民情，体民意，无私奉献，赢得了对口帮扶地区政府、人民群众的肯定和赞许，使深圳精神、深圳质量、深圳文化得到了传播和体现。在"精准扶贫"工作上所取得的成绩被国家、省、市多家主流媒体报道，包括：新华社、中新网、人民网、中国扶贫网、南方都市报、深圳新闻网等。新华社专版刊文点赞，"点菜式"精准教育扶贫，阻断贫困代际传递，产出了良好的社会效应。学校拍摄制作的《有一种爱叫技能帮扶》扶贫纪录片，被推荐作为中共中央组织部开展"村官"培训指定的扶贫培训材料（见图 4-21）。学校的系列帮扶做法和经验，为国家实施精准扶贫战略提供了一条可复制、可推广的脱贫造血之路。

　　2020 年年底，在由深圳市委组织部和市委党校组织的《习近平中国特色社会主义思想推进粤港澳大湾区和中国特色社会主义先行示范区》实践案例和教学案例编写工作中，成功入选 100 个特色案例。案例材料共 2 万余字,浓缩了深圳鹏城技师学院开展技能帮扶以来的理论与实践精华,该案例是深圳技工教育对口帮扶工作相关领域唯一入选案例。

图 4-21 《有一种爱叫技能帮扶》扶贫纪录片

第五章 技能帮扶难点与制约因素分析

脱贫攻坚决定性的胜利，并不意味着农村贫困的终结，而是进入一个以转型性的次生贫困和相对贫困为特点的新阶段，即后扶贫时代。我国是世界上人口最多、最大的发展中国家，农村农业人口众多，长期以来受到城乡二元结构影响，农村总体发展相对落后。脱贫攻坚战是党中央带领全国人民全面建成小康社会的关键之战，在2020年实现了"两个确保"，即确保现行标准下全部农村贫困人口实现脱贫和确保全国所有贫困县全部摘帽。但是，进入后扶贫时代，城乡差别仍然巨大，仍将长期存在，特别是原贫困地区。消除城市与农村、发达地区与欠发达地区发展不平衡、不充分的问题，仍需全国上下长期的共同努力。

对技能帮扶工作难点与制约因素的识别分析，不仅仅是回顾总结技能帮扶工作的需要，更是与时俱进，着眼未来，为后扶贫时代巩固、扩大脱贫攻坚成果，使脱贫攻坚向乡村振兴迈进的需要。课题组通过对受帮扶地区以及技能帮扶工作的深入调查研究，瞄准关键问题精准分析，认为存在如下难点和制约因素。

第一节 难点分析

一、地区分析

（一）受帮扶地区区位条件欠佳

从学校对口帮扶地区的地理环境来看，大多属于位置偏远、交通不便的地区。如百色地区位于广西壮族自治区西北部，与云南省接壤，是整个自治区中距离首府南宁市最远的地区，仍有部分县区未通高速公路。再如湖北郧西，地处湖北、河南、陕西三省交界，距离西安反倒比武汉近，当地群众出行多以选择赴西安集散为主。贵州毕节、黔南也是如此，均属于在本省位置偏僻的地区。唯一的特例是广东汕尾，汕尾位于广东沿海，距离深圳仅100多千米，但属于广东省经济发展最差的地区，原因在于汕尾是广东设立最晚的地级市，是仅仅在一个建制镇的基础上建立的城市，原本基础就薄弱，而且从原所属的汕头地区来看，恰恰也是汕头市最边远的地区。

（二）受帮扶地区自然条件较差

除地理条件外，受帮扶地区共同的特点就是自然条件或气候条件较差，大多属于山区、高寒区、干旱区，生态环境脆弱、气象或地质灾害多发。湖北郧西位于秦岭南麓，地处湖北山区，地理条件的原因导致十年九旱，是中部地区为数不多的干旱地区之一。贵州黔南则属于云贵高原高寒区域，冬季寒冷，冻雨频发，每年入冬之后都要慎防冻雨造成的灾害。广西百色则位于亚热带地区，是典型的喀斯特地貌，因石灰岩的地质条件造成地下河网密布，储水困难，石漠化严重，庄稼收成不高。另外，右江一带"热谷"效应明显，对生产、生活造成明显影响。汕尾位于沿海地区，经常受到热带风暴侵袭，一定程度上影响了当地经济社会发展。

（三）受帮扶地区发展水平相对落后

受地理、气候条件及自然环境等诸多因素影响，我国不同地区发展状况存在明显的差距，呈现出从东部到西部的梯度分布。除学校帮扶的广东省之外的地区，其余均位于"胡焕庸线"以西或附近。而本省受帮扶的廉江和汕尾，位于珠江三角洲环线之外，也属于广东省内梯度发展落后地区。无论是省内还是省外的受帮扶地区，各方面发展均明显落后：首先是经济发展，如汕尾地区 GDP 位列全省末位，整个地区的 GDP 甚至比不上深圳一个街道，区域经济活力不足、财政收入收不抵支，基本要靠财政转移支付维持运作和发展；其次是社会发展缓慢，由于财力有限，科教文卫事业、基础设施等投入不足，公共服务供给能力有限；最后是产业发展薄弱，结构单一，资源匮乏，主要收入来源于农业，第二、第三产业占比偏低，就业渠道狭窄，岗位数量少，就业难度和收入增加难度大。

二、院校分析

（一）技工院校办学条件仍然薄弱

首先，在我国教育投入中，技工院校虽然是职业教育的重要组成部分，但多年来对技工教育投入力度较小，无论是校区建设和设备更新相较于高等职业类院校都明显不足，特别是受帮扶地区的技工院校更是大多处于生存阶段，更谈不上发展。狭小的校区难以形成大的招收规模，落后的教学设备以及陈旧的住宿环境又难以吸引生源，招生又成了大难题，往往都是成绩差甚至无书可读的学生才会去选择读技工院校。同时，低下的生源质量又造成了技工院校毕业生成才难度高，致使技工教育的社会认可度难以提升，政策资源的支持难以倾斜，从而形成恶性循环。在软件上，因为在薪资待遇和人才培养上一般的技工院校没有足够的专项资金保障，往往难以吸引高层次人才，而且受帮扶地区的技工院校的人才流失更为普遍。没有资金支持，老师缺乏学习培训的机会，难以更新教学理念、提升教学能力，在软件上制约了技工教育的发展。这两方面的因素也让精准技能帮扶的成效受到了很大的制约。

（二）技工教育学历认证政策尚未落实

首先，毕业证书认可度较低。技工类院校学生毕业后发放的是人社部门的职业资格证书及毕业证，并非教育部门认可的普通高等院校毕业证书，在社会上认可度不高，远低于同等层次的全日制普通高等院校学历证书，造成毕业生在应聘及待遇申请上存在困难。其次，毕业生职业发展通道不畅通。如一个等同于大专层次的高级技工及以上层次的技工院校毕业生，想提升学历去读本科，必须先参加成人学历教育再培训获取大专学历才能去申请读本科学历，这无异于重复用功，在一定程度上造成技工院校招生难和生源质量难以提高。以深圳鹏城技师学院为例，学校地处深圳市，改革开放前沿城市，享有产业发展区域优势，专业建设更是紧密围绕市场发展，校企合作更是在全国范围都处于较为先进水平，毕业生更是可以直接入户并推荐就业，根据深圳市政府文件，学校高级技工及以上层次毕业生在参加深圳市雇员考试及工资标准上享受与大专层次同等待遇。但仍有许多学生更愿意就读同等层次有大专学历的高职院校，因为社会对大专学历认可度较高，而且不受地域政策限制。

（三）招生管理运行机制不完善

职业类院校有完善的招生渠道与平台，在招生途径上和指标下达落实上相对于技工院校都有比较明显的优势。而技工类院校虽在技能实践的培养上和考取职业资格证上略有优势，但在招生途径、生源学校宣传上、毕业学历上、政策保障上都处于明显的劣势。帮扶地区生源大多是教育部门管理的初中、高中及中职类学校，而技工院校开展技能帮扶招生时，大多由人社部门来牵头，多头沟通，中间耗时耗力，且多头管理，不利于将技能帮扶落到实处。以学校开展湖北郧西帮扶招生工作为例，郧西县当年作为国家试点帮扶地区由深圳市开展对口帮扶工作，学校在当年 4 月份接到招生任务前往当地开展帮扶招生，此项工作得到两地政府的高度重视。但是因为跨系统的对接，信息反馈渠道时时不畅。最后在当地县政府的协调下，才得以落实工作。但在后期工作跟进中，信息反馈速度仍常有不及时或落实不到位的情况。这一情况在许多技工院校招生时都会遇到。此外，在资金保障上，也因为多头管理，帮扶单位无法有效对接拨付部门或对接多个拨付主管部门而导致工作进展慢、效率低。

第二节 制约因素分析

尽管技能帮扶已成为最有效阻断智力贫困代际传递的重要帮扶手段，使经济物质层面的绝对贫困问题逐渐消失，但持续有效的开展技能帮扶，根据帮扶地区人力资源特点，实现脱贫致富，仍受到外在制约因素的影响：一是受帮扶学生所在家庭，在文化和能力上的相对贫困将持续存在一个相当长的时期，将继续影响技能帮扶的成效和稳定性；二是受帮扶学生接受技能教育后，如何实现稳定就业、高质量就业乃至创新创业，真正实现技能脱贫。

一、帮扶家庭人口特性制约学生持续发展

1996 年联合国开发计划署（UNDP）在《人类发展报告》中首次使用"能力贫困"这一概念。按照阿马蒂亚·森的理论，贫困人口的贫困问题在表象上是收入低，实际上是他们的人力资本短缺导致的参与市场能力差和风险化解能力差，对地方自然禀赋和个人劳动力变现的能力差等因素所致的市场收益短缺。[1]简单来说，帮扶地区学生适应社会的持续

---

[1] 田波，柳长兴. 人力资本视角下的"志智双扶"问题研究：后扶贫时代的扶贫治理[J]. 重庆理工大学学报（社会科学），2020（34）.

发展能力较低，导致其收入水平较低，其根源是帮扶地区自然环境恶劣、交通闭塞、人口素质低。

一是家庭环境制约。结合深圳鹏城技师学院对口帮扶招生的贵州黔南、广西百色、湖北郧西的实践经验总结，这些地区普遍存在信息闭塞、观念老旧等问题，几十里的山路往往足以阻碍许多孩子求学的道路，长期以来的贫困环境和信息闭塞让他们走出大山看看的心愿变得脆弱彷徨，对外面的世界同时存在对未知的恐惧和向往的矛盾心理。不少学生走过最远的地方是离他们村最近的县镇，他们很多没有接触过电脑和手机。这对于生活在现代文明城市的孩子来说是无法想象的。因此，对帮扶生首先要让他们坚定求学的信心和希望，树立自信，减少自卑，即扶志。而由于心理问题往往比较隐蔽，扶志往往成为"精准三扶"中最困难的一环。另外，扶志不仅是扶学生，也要扶家长。没有长辈的认可，帮扶成效得不到持续有效的保障。

二是语言、饮食以及风俗习惯制约。深圳与受帮扶地区语言、饮食以及风俗习惯的不同，是导致帮扶生不习惯来校学习生活的主要原因。与人沟通的能力方面，也会让帮扶生担心到另一个新的地方去求学会有许多不适应。这些不适应在入学初期一段时间会不可避免地存在，导致学校与学生双方在教与学上都会承担比较大的压力，特别是生活习惯、文化差异比较大的学生，需要相应配套符合条件的师资和饮食住宿环境。帮扶生来校后，学校通过组织一系列活动，如一日游深圳、参观实习企业、迎新晚会、社团纳新等来让他们更快地融入新的环境中，从而尽快适应深圳的学习、生活。

三是帮扶地区人口素质制约。素质较低反映出来的是接受能力弱、阅历浅，对于技能培养也存在一定的难度，同样的教学手段，发达地区的孩子可能已经能掌握，但帮扶地区的孩子可能还处于懵懂状态，需要更多的时间去教育和讲解才能接受。因此，在招生专业选择与推荐方面，以往更倾向让文化基础比较差的帮扶家庭学生选择烹饪、汽车维修、眼视光技术、智能楼宇技术等操作性强、理论基础较浅的专业。

四是帮扶地区自然环境制约。这一特点对帮扶地区的发展产生重要作用，使帮扶地区人口一直难以摆脱贫困的枷锁。在帮扶过程中，只有深刻了解这一特点，才能在帮扶过程中对症下药，解决其共性和个性的问题，从而助其更快地摆脱贫困。在学校以往的帮扶过程中，有的帮扶家庭父母不同意学生继续读书，理由是担心子女走出去到陌生地方学技能会受苦或是对未知不确定的担心，这种思想在帮扶地区很多家庭比较常见，这给技能招生造成了很大的困难。

二、受帮扶学生就业质量制约因素

技工院校技能帮扶招生难的一个重要因素，就是受帮扶学生及家庭对未来就业的担心，返乡就业还是留深就业难以预期。近几年，技工院校结合校企双制、产教融合等办学模式的推进，对于受帮扶学生的就业工作也采取了诸多措施。但如何实现稳定就业、高质量就业仍然是摆在我们面前的一大难题。技工院校人才培养质量看就业率、就业稳定率、就业对口率，技能帮扶质量也要通过受帮扶学生就业质量来衡量。因此，受帮扶学生高质量就业是技工院校提高技能帮扶成效的关键制约因素。

技工院校专业设置及校企合作都与其所在地区的区域产业发展和经济环境密切相关，而帮扶地区大多产业发展单一，经济发展薄弱，这也在一定程度上造成当地技工院校技能人才的出路狭窄，且就业质量普遍不高。另外，帮扶地区技工学校因办学实力和师资配备大多较弱，也在一定程度上造成毕业生市场竞争力不强，难以满足优质企业用工标准较高的需求。就业难—招生难—发展难—就业难，在帮扶地区形成了恶性循环，对帮扶地区技工院校生存和发展以及技能帮扶的开展都有一定制约。技能帮扶中的校校合作和校企合作模式在一定程度上能够有效改善帮扶地区技工院校就业保障问题。校校合作模式通过产业发达地区的优秀技工院校以结对的形式帮扶地区技工院校，带动受帮扶地区技工院校的专业发展，帮助其毕业生实现地区转移的实习就业，从而达到双赢的效果。校企合作模式则是经济发达地区的优质企业以订单式开展与技工院校的定向培养模式，技工院校以企业需求为导向培养学生，从而实现毕业生高质量就业。

这两种模式分别从人才培养、市场对接方面进行协作。如何从全面帮扶向专项帮扶转变，探索建立政校企联合合作模式，将成为实践探索重点。需要重点解决两个问题：一是如何通过政府政策引导，激发企业到对口地区投资办企业，提高产业对接的集聚化程度；二是如何通过学校对接企业需要开设相关专业，培养对口帮扶地区需要的紧缺人才，让帮扶学生无论"留下来"还是"返回去"都能实现高质量就业。

第三节　主观因素分析

第一、二节分别对技能帮扶难点以及制约因素进行了分析，这些困难和制约因素归结起来，可以分为客观因素和主观因素两个方面。自然条件、地理环境、风俗习惯、发展水平等属于客观因素，而思想观念、家庭环境、合作机制等属于主观因素。主观因素可进一步分为个人家庭与帮扶部门两方面。技能帮扶效果的优劣不仅仅受制于客观因素及帮扶生个人与家庭主观因素，从多年的实践来看，技能帮扶参与部门主观努力与否、协调与否，对技能帮扶起到决定性的作用。因此，本节内容着重从工作机制对技能帮扶的影响进行分析。

一、对技能帮扶重视程度不足

一些受帮扶地区帮扶项目、资金较多，除去帮扶工作任务繁重的因素外，还涉及个体，需要对帮扶生个人及家庭进行宣传发动，工作繁杂且琐碎，周期长、见效慢，存在主观上不重视技能帮扶的问题。还有些部门对技能教育不了解或对技工院校存在偏见，在同时接到高等院校及技工院校帮扶招生任务时，往往优先推荐帮扶生就读大专院校或高职院校，甚至认为技工院校招生困难才到受帮扶地区招收帮扶生。对技能帮扶工作的不重视以及对技工院校的偏见，往往使学校开展工作举步维艰，难以充分发挥帮扶能力。

二、技能帮扶机制有待进一步完善

做好技能帮扶工作，在横向层面上需要帮扶地区与受帮扶地区政府及主管部门的密切合作。技工院校开展技能帮扶工作，大多是自上而下开展的，政府部门确定帮扶任务，学校承接并开展具体工作，首先需要两地政府部门之间做好沟通协调。但在实际工作中，常常演变为学校直接对接受帮扶地区政府部门，因而学校需要承担非本职的政府部门角色与沟通协调的职责。另外，受帮扶地区部门之间的配合也尤其重要，技能帮扶工作涉及扶贫、教育、人社等众多部门，扶贫部门主管任务及资金分配，教育部门主管学校及生源，人社部门主管就业与技能教育，学校开展工作需要与受帮扶地区多个部门打交道，容易出现"一头热一头冷"的情况。做好技能帮扶工作，在纵向层面上需要受帮扶地区政府、主管部门及所辖地区、学校的紧密配合，一些情况下，受帮扶地区各部门之间没有很好地协调开展工作，简单地层层下达任务，一级压一级，致使实施效果欠佳。

三、技能帮扶需要各方形成合力

技能帮扶均是跨地域联动实施，帮扶地区与受帮扶地区无论思想观念还是工作方法都存在较大差别，而且参与部门多、涉及环节复杂、过程长，既需要实施主体主动作为，也需要实施对象积极配合。只有双方参与者统一思想、统一步调才能确保技能帮扶工作有效开展、落到实处。帮扶地区要与受帮扶地区共同研究，明确技能帮扶工作中双方的职责任务，并将任务分解到各相关负责部门，形成责任清单，层层压实责任，防止职责不清、任务不明、相互推诿。牵头的政府部门要主动担负起沟通联络的功能，加强帮扶地区与受帮扶地区的横向联系，加强上下级之间的纵向联动，及时研究解决工作中遇到的困难与问题，将各方力量凝聚在一起，以共同推动技能帮扶工作的顺利实施。

第六章 技能帮扶模式优化对策

"凡治国之道，必先富民"，脱贫攻坚战的全面胜利，是我们党在团结带领人民创造美好生活、实现共同富裕的道路上迈出的坚实的一大步。在富民之路的新起点上，如何让脱贫基础更加巩固、成效更加持续，就是要对帮扶地区和受帮扶对象，不仅要"扶上马"，还要"送一程"。2021年政府工作报告对巩固拓展脱贫攻坚成果作出部署，其中包括健全防止返贫动态监测和帮扶机制、促进脱贫人口稳定就业、加大技能培训力度、发展壮大脱贫地区产业，以及继续支持脱贫地区增强内生发展能力等。实施精准技能帮扶，促进农村劳动力技能就业、技能致富，是巩固脱贫攻坚相关部署的重要举措，是发挥发达地区技能教育资源优势，开展精准有效的技能帮扶，实现技能就业、技能增收的重要方式。制定符合新时代要求的技能帮扶模式，必须基政策之上，纳资源之势，集学校育人之利，采先前成果之精，方能使技能帮扶工作走向深入。

第一节　优化技工院校技能帮扶模式

一、构建"一主线两带动"理念

"一主线",即以技能帮扶为主线。技能帮扶,不是"授之以鱼",而是"授之以渔",就是使这些学生掌握"一技之长",并通过技能成功就业,技能成才。技工院校投身帮扶工作的优势不在于资金或产业方面,而在于技能教育的优势。虽然学校招收的学生人数不多,截至2020年,共招收帮扶生1 136人。这1 000多人,就是1 000多粒种子,犹如"星星之火",在学生实现自身发展的同时,带动家庭脱贫,甚至影响一个村的脱贫观念,可谓一举多得。

"两带动"即带动对口帮扶地区技能教育水平的提升和带动当地相关产业的发展。在技能教育水平提升方面,受制于固有观念,帮扶地区的职业教育发展往往较为薄弱,难以承担大规模劳动力技能培训和就业再转移的社会责任。深圳鹏城技师学院的技能帮扶,不仅为贵州黔南州技工学校的创建和发展做出了贡献,还壮大了广东陆丰市技工学校、海丰县职业技术学校的办学规模,并促进广西田东县职业技术学校技能鉴定工作从无到有发展,为对口帮扶地区技能教育的壮大与发展发挥了积极作用,并间接促进了当地职业教育结构的优化布局。在促进当地产业发展方面,技工教育是与经济社会结构最紧密的教育类型,是帮扶产业发展的重要支撑,是新增劳动力就业的重要途径,是增加群众收入的重要来源和加快脱贫步伐的重要保证。深圳鹏城技师学院秉承技能帮扶的理念,切实带动对口帮扶地区技能教育水平提升和当地相关产业发展的实践活动,实现了帮扶工作从"输血式"向"造血式"的转变。

二、优化"三合作六保障"模式

"三合作",即政、校、企三方合作开展技能帮扶工作。在技能帮扶工作中，政校企三方主体并非松散的组织方式，而是既有分工又有合作的有机整体。"六保障"，即思想保障、组织保障、管理保障、资金保障、学业保障、政策保障。其中，"六保障"的内容在第三章中已具体阐述，在此不重复赘述。

政府在技能帮扶中既是引领者、组织者、协调者，又是监督者、评价者，更是政策保障的输出者。以深圳鹏城技师学院对口帮扶广西百色地区为例，广东省第二扶贫协作组、深圳市人社局、百色市人社局、田东县政府发挥了极其重要的作用。深圳鹏城技师学院首先与田东县政府签订脱贫攻坚合作协议，然后在有关政府部门的协调下与田东职业技术学校签订结对帮扶协议，完成了技能教育对口帮扶工作的顶层设计。项目实施过程中，广西人社厅到深圳鹏城技师学院技考察调研，看望帮扶生并了解其在学校学习、生活情况。在湖北郧西技能帮扶项目中，当地人社局、教育局等有关领导亦到访深圳鹏城技师学院了解学生们在学校学习、生活情况并座谈。又以对口帮扶广东汕尾地区为例，在毕业生的学制方面，广东省人社厅给予了大力支持，同意深圳鹏城技师学院对口帮扶陆丰市技工学校项目中的合作专业采用初中起点"2+3"学制，即中级工与高级工衔接的五年一贯制技能人才培养模式。政府全程参与并大力支持技能帮扶工作，对于技能帮扶项目的顺利实施发挥了重要的组织牵引作用。

学校是技能帮扶工作的主力军，是"六保障"体系的实践者，也是促进政校合作的桥梁和枢纽，更是确保技能帮扶项目落到实处并发挥长期效益的"策源地"和"根据地"，脱离学校的相关政策将无法实现。深圳鹏城技师学院是深圳市培养技能人才的专门机构，多年来为深圳特区及珠江三角洲地区培养了60多万名技能人才。学校积极贯彻落实国家战略部署，履行社会责任，长期坚持开展技能帮扶工作，将学校技能人才培养的优势，延展辐射至受帮扶地区，让当地院校、帮扶生及家庭均获益匪浅。学校的专业优势，是技能帮扶项目具体实施和质量保障的关键所在。

企业在技能帮扶工作中发挥着帮扶成果"转化器"和"加速器"的重要作用，校企合作开展技能帮扶工作不仅让学校更有底气，也使帮扶生的就业渠道更加畅通。技能帮扶的最终目的，是帮扶生的有效就业、高质量就业，除高质量地培养学生外，企业认可将决定技能帮扶目标的最终实现，企业是高质量培养与高质量就业转换的最后环节，在技能帮扶全链条中，是能否实现闭环的关键一环。另外，企业投入技能帮扶工作不仅可以收获更多急需的高技能人才，也打开了企业通向产业发展主流与前列的通道，加速了企业自身的发展，从而实现了"双赢"。

"三合作六保障"在技能帮扶工作中具有"定海神针"的重要作用，是深圳鹏城技师学院经验总结的提炼，为学校连续10年的技能帮扶之路提供了源源不断的"原动力"与"再生动力"。

三、创新"三精准两结合"方式

"三精准"，即在技能帮扶中坚持精准扶技、精准扶智、精准扶志。

精准扶技，要确保技能帮扶所提供的技能教育是能够帮助帮扶家庭走向技能脱贫的所需所用之技，是当地产业发展所急需高技能人才的所需所用之技。精准扶技的实现途径主要在于如下几方面：一是深入走访调研当地帮扶家庭及经济社会发展情况，悉心谋划技能帮扶的专业布局。二是与当地政府部门、职业院校紧密合作，完善技能帮扶工作的顶层设计，尤其是帮扶专业设置与课程设计，与帮扶地区人才培养需求相适应，确保"精准扶技"落到关键处。三是尊重帮扶生及其家庭的专业选择。在深圳鹏城技师学院的技能帮扶招生中，所有专业均对帮扶生开放，就读后一视同仁，此举大大有利于学生加快到校后与同学之间的融合，迅速提高社会交往能力。四是定制个性化的人才培养方案。实施"名师教学+双班主任+产教融合"的人才培养机制，从学习、生活、思想等方面为帮扶生提供全程帮助，促使学生专业知识、岗位技能、综合职业素质同步发展，增强学生就业竞争力。

精准扶智，要确保技能帮扶所提供的技能教育能够帮助帮扶生学成一技之长，确保结对帮扶院校办学水平与技能教育水平得到切实提升。为了将对口帮扶工作切实落到实处，深圳鹏城技师学院根据省内外及当地情况建立了不同的帮扶模式，因时、因势、因地为每一地、每一校量身定做不同的帮扶方案，力求帮扶因应需求、切合实际。

精准扶志，要在培养帮扶生一技之长的基础上，鼓励帮扶生在技能学习上更进一步并努力在创新创业方面有所突破，带动帮扶地区更多的劳动力实现技能脱贫、技能致富。思想与心理决定帮扶生能否建立自信，坚定技能成才、技能脱贫的信念与信心，精准扶志能从根源上解决帮扶生动力与压力的问题。

"两结合"，即与产业结构和职业生涯结合。精准技能帮扶，其直接目标是实现学生技能就业，顺利就业是解决脱贫的重要手段。而若要顺利实现就业，就需要学生所学与当地产业结构结合，与学生职业生涯发展结合。一是技能帮扶与当地产业结构结合。按照"培训劳动力、提高生产力、增强发展力"的思路，根据帮扶地区发展情况，结合学校专业建设情况，有针对性地为他们提供一些好就业的专业。二是技能帮扶与学生职业生涯结合。深圳鹏城技师学院在着手解决学生"好就业"的同时，还考虑到让他们"就好业"，学校鼓励学生结合自己的兴趣，着眼于现代技术的发展，建议他们从事新兴产业的岗位，进而确立自己的职业生涯发展规划。

"三精准两结合"，是深圳鹏城技师学院开展技能帮扶工作的工作原则和标准，也是一个相互联系与互动的有机整体，既相互独立但又紧密结合，在促进技能帮扶工作高质量发展的过程中发挥着"指南针"的重要作用，使帮扶成果由"一次性受益"转化为当地群众"终身受益"，使短期、有限的帮扶发挥长期、持续的撬动作用。

第二节　健全发展型助学帮扶政策体系

只有保证了教育公平，才能更好地维护社会公平，维护教育公平是国家的基本教育政策导向。建立健全帮扶生资助体系，保障所有帮扶生都有平等接受教育的机会，是促进教育公平的关键举措和重要途径；通过资助让每一个帮扶生都能成为有用之才，帮助帮扶生激发内生动力，阻断家庭贫困代际传递，是我国社会发展的本质要求；保障每个公民的受教育权利，是推动教育事业科学发展、建设人力资源强国的迫切需要。

近年来，我国投入帮扶生资助的经费日渐充裕，受资助的学生规模大幅增长，帮扶生资助政策体系日渐完善，物质资助功能得到充分保障，资助政策社会效果明显，帮助数以千万计帮扶生顺利入学并完成学业。但伴随着我国经济的快速发展和社会转型，以及教育改革和学生群体的发展变化，这种以经济扶持为主、重视对帮扶生"问题管理"的救济性资助模式，忽略了帮扶生的情感需求、个人兴趣及创新创造能力，在实际操作过程中逐渐暴露出一些问题。这些问题突出表现在以下几个方面：一是育人功能不强，资助目标单一。大多数帮扶生资助工作仅仅停留在经济资助层面，对帮扶生的心理和能力关注度不够，超越经济层面的资助育人功能没有被关注或者没有被充分发挥出来。二是学生解困能力不足，自助意识薄弱。救济性资助模式的重点是给予帮扶生一定的经济或物质帮扶，将资助的钱或物直接发放到学生手中。这种无偿资助弱化了资助的价值功能，甚至导致部分学生产生了依赖心理，出现了"等、靠、要"的消极现象，缺乏主动自助的思想精神。

资助不是目的，只是一种手段。资助育人最根本的要求就是关心、关爱帮扶生，通过人性化的资助使其体验到尊重、学会独立等，实现资助功能由"保障"到"发展"的过渡和转型，使帮扶生的精神需求和发展需求不断得到满足。

其一，在资助目标方面，把资助与扶志、扶智结合起来。既帮助帮扶生摆脱相对的经济物质困难，还要消减他们因经济物质困难而产生的生活、学习、心理和人际交往等方面的诸多影响，最终使他们获得与其他学生一样的发展机会。

其二，在资助资金来源方面，充分考虑社会发展与国家人力资源发展的需要，充分吸引社会企事业单位参与捐助，鼓励受资助学生自助，从而改变国家资助资金来源单一且压力逐年递增的现状，建立国家资助、学校奖助、社会捐助、学生自助"四位一体"的发展型资助体系，形成资金来源渠道多元共存、相互支撑的良性发展局面。

其三，在资助项目设置方面，针对帮扶生日益增长的多元化需要，构建物质帮助、道德浸润、能力拓展、精神激励有效融合的资助项目，引导帮扶生实现个体全面发展，构建资助育人长效机制。

其四，在资助结构方面，以生为本，着眼发展，实现无偿资助与有偿资助、显性资助与隐性资助的有机融合，建立权责对等的新型资助模式。

其五，在资助实施效果方面，既要帮助帮扶生解决经济困难，又要努力培养其感恩意识，既要促其全面发展，成长成才，通过自身努力阻断贫困代际传递，又要鼓励受助学生在"自助"的基础上，承担起"助他"的社会功能，最终推动高校帮扶生资助形成"解困—育人—成才—回馈"的良性循环。

一、精准实施助学识别

实施更加精准的助学政策，需要从精准识别着手，精准掌握被帮扶家庭及学生的情况，精准掌握不同对口帮扶地区的环境条件，在保障基本学习条件的基础上，制定针对性更强的精准助学政策。

一是精准识别帮扶生情况，同为建档立卡的受助帮扶生，家庭情况及经济条件存在差别，困难程度可能不一样。另外，学生所在学校的生活成本、所学专业的费用也存在差别，因而学生在校学习的经济状况也不一样。二是精准识别生源地情况，受帮扶地区往往地处偏远，环境恶劣，交通不便，经济发展落后，且不同地区情况也千差万别，地区差异应列入制定助学政策的考虑因素之内。

在技术上，可以运用业已广泛应用的大数据技术，对帮扶生家庭的经济状况、人口数量、人均收入、贫病情况、困难程度、学生在校消费水平、生活费用、学习成本，以及学校因素、地区因素等相关信息数据进行采集分析，减少人为主观判断干扰，更加精准识别、全面客观掌握帮扶生情况。

在精准识别的基础上，在保障基本学习条件的同时，实行差别化的助学补贴政策，根据个人、家庭、学校、地区4个方面的叠加因素，区分补贴标准等级，加大对特别困难家庭学生的资助力度，实行因人施策，提高助学政策实施的精准程度。

二、深化助学政策研究

第一，将助学政策分为中央、省市、学校3个不同层级。国家层面上，主要是确定帮扶生助学政策的基本原则、指导意见，制定免学费政策、国家助学金、助学贷款政策。省市层面上，主要制定帮扶生就读技工院校生活补贴、交通补贴等助学补贴政策，明确具体标准。学校层面上，主要制定杂费减免、临时困难补助、校内勤工俭学办法，以及企业奖学金、助学基金管理办法。

第二，将助学政策分为学杂费减免、助学补贴、助学贷款、学习奖励以及勤工俭学等5个类别。第一类是学杂费减免。目前，国家及各地已明确帮扶生就读技工院校免学费政策，免学费已成为支持帮扶生学习的一项重要的助学措施。除学费外，学生在校学习期间的其他杂费如教材费、实训服装费、水电费、保险费等，可以按照前述基本原则合理适度减免。第二类是助学补贴，如助学金、生活费、住宿费、交通费等。技工院校国家助学金制度已于2012年秋季起实施，覆盖范围也逐步扩大。各地还陆续出台了帮扶生就读技工院校生活费、住宿费、交通费补贴的政策，明确了相关补贴标准。第三类是助学贷款。作为一项基本助学政策，面向帮扶生入读技工院校的助学贷款政策目前仍付诸阙如，只在《关于做好切实做好就业扶贫工作的指导意见》提出提供扶贫小额信贷，具体办法尚未明确缺乏可操作性。帮扶生完成全日制技能教育需要3~5年，仅靠政府助学或个人负担，无疑都会有较大的压力，也不利于技能脱贫事业的可持续发展，可参照现行高等学校在校学生助学贷款的做法，将全日制技工院校帮扶生列入高等学校助学贷款政策实施范围，帮扶生在校期间通过助学贷款解决部分学习、生活费用的不足，就业后以个人收入逐步偿还。第四类是学习奖励。面向帮扶生设立奖学金制度，可以由技工院校、合作企业或社会爱心人士设立。第五类是勤工俭学。技工院校设立勤工俭学岗位，社会爱心企业提供校外兼职岗位，帮扶生通过勤工俭学或兼职解决部分学习或生活费用。

三、强化助学政策引导

实行合理适度的助学政策，目的是形成正确、良好的政策导向。助学政策的"合理适度"体现在 3 个方面：一是资助项目合理；二是资助标准适度；三是资助方式恰当。合理、适度、恰当的助学办法，形成良好的政策导向，引导帮扶生自强自立、积极向上、认真学习、努力脱贫，形成正确的价值观和人生观。

资助项目合理，要求将资助项目的重点放在保障帮扶生基本学习、生活条件上。资助标准适度，则要求资助标准要根据技工院校的学习成本、人才培养成本以及在校生活成本、当地消费水平测算确定。总体上，目前的助学政策在这两方面做得相对较好，但在资助方式恰当上，仍体现得不够充分。目前的资助方式，大多以统一减免、直接发放为主，与学生的个人努力与表现并不相关。

资助方式的调整上，一是实行"帮穷帮困不帮懒"，变部分直接补贴为间接补助，除了免除学杂费以及基本的生活费补贴外，其余的补助由统一发放补贴的方式改为学生以勤工俭学的方式付出劳动后给予相应补贴。此举既可以使帮扶生通过劳动获得补贴，更重要的是帮助他们克服"等、靠、要"的思想，树立正确的价值观和劳动观。二是"奖勤奖优不奖后"，面向帮扶生设立奖学金制度，对勤奋好学、品学兼优、奋发上进的优秀学生进行奖励，激励学生认真学习、努力成才，扎实掌握一技之长。

四、促进技能帮扶方向调整

实现技能帮扶重点从教育设施投入转变为实施教育质量的提高，着力提高帮扶家庭子女教育投资的收益率。首先，加大对帮扶地区技能教育教师的激励和培训，让优秀教师在帮扶地区"下得去、留得住、教得好"。目前我国帮扶地区经过国家多年扶持，大部分的技能教育硬件设施基本上是达标的，影响帮扶地区教育质量提高主要是缺乏高素质的师资队伍。大力推进师范生公费教育，加大对帮扶地区教师的培训，全面落实帮扶地区教师生活补贴等各项扶持政策，政府需要采取超常规的举措，将更多的教育经费从对"物"投入转向对"人"的投入，培训和激励帮扶地区的教师，提高帮扶地区的教育质量，提高帮扶地区教育投资的收益率，更好地发挥技能帮扶效果的治本之策。

充分利用互联网等新技术、新手段来提高技能教育质量。现在要把高水平的教师直接引进帮扶地区，难度较大，但随着互联网和人工智能技术的发展，教育部门可以通过"互联网+教育"的方式，把优秀教师的授课内容通过互联网传送到偏远的农村帮扶地区，让这些地区的孩子也能以较低的成本享受高质量的教育资源。

优化帮扶地区教育结构，加大对技能教育的宣传，更好地满足帮扶家庭对教育的需求。帮扶地区的孩子在接受九年义务制教育之后，未来的出路主要有两条：一条是通过高考进入大专院校，接受高等教育，转移到城市非农部门就业；另一条是通过职业技能教育或者外出务工，成为有技能、懂技术的新型农民或农民工。帮扶除了要提高帮扶地区人口的素质之外，还要通过各种类型的教育，解决帮扶家庭子女的出路问题，特别要加强农村职业技能教育和培训。职业技能教育和培训具有周期短、见效快、受众面广的特点，可以让帮扶家庭的子女拥有一技之长，帮助他们就业创业、发展生产、增加收入，符合帮扶家庭的教育需求。帮扶家庭只要有一个孩子能考上大学或者接受过职业技能教育和培训，增强自身的发展能力，就会大大增加阻断贫困代际传递的希望。

第三节　促进社会多元化协作

技能帮扶是通过技能帮扶项目和政策来提供高质量技能教育，进而阻断贫困代际传递的帮扶方式。技能帮扶发挥着根本、主导和可持续的作用，兼具扶技、扶智、扶志的三重任务。就内容而言，技能帮扶涵盖基础设施改善、师资队伍建设、资金投入等方面。就层次而言，技能帮扶涵盖学制教育与职业技能培训两个方面。这就决定了技能帮扶是一项系统工程。形成一个"理念、制度、投入、师资、资源"五到位且社会各界广泛参与的新型技能帮扶机制，尤其将技能帮扶真正纳入"有领导、有机构、有场地、有内容、有特色、出实效"的正常运行机制中，是全面整体推进精准技能帮扶的内在需求。

一、进一步强化多元共治理念

脱贫致富不仅仅是帮扶地区的事，也是全社会的事。技能帮扶并非一个静态概念，而是一个动态的持续过程，关键在于多元协同治理格局的形成。尽管社会各界和帮扶群体越来越认可技能帮扶的价值功能，但是从现实的实践层面来看，技能帮扶依然处于政策执行中的一个相对弱势的地位。对于帮扶地区而言，尤其是深度帮扶地区，当前帮扶的重点和今后防止返贫的重点均放在产业帮扶，技能帮扶相对处于附属地位。进一步推进技能帮扶工作，并发挥技能帮扶在防止返贫中的积极作用，需要树立起系统的价值观念，以协调各相关力量联合发力，整合各自优势，形成政府主导，市场、企业和其他社会力量广泛参与的技能帮扶多元共治格局。

一是强化战略共治理念。从扶贫攻坚与防止返贫的全局出发，完善顶层设计，构建技能帮扶、行业帮扶、社会帮扶"三位一体"相结合的"多元共治"大帮扶格局，强化自上而下的指导思想与自下而上的发展意愿。在战略协同的引导下，逐级建立技能帮扶工作的目标任务，走出一条以政府统筹、院校主导、企业合作、社会帮扶、人才支持为主要内容的技能帮扶道路。

二是强化组织协同理念。与传统的帮扶形式相比，技能帮扶多元主体参与的互动网络结构，改变了政府唯一行动主体的单一结构和单向的"一对多"关系格局，帮扶技工院校与其他主体均为网络结构的节点，各主体之间形成了"多对多"的互动关系。因此，与传统的自上而下的政府主导型帮扶模式的运作机理相比，多元互动的技能帮扶工作体系有着截然不同的运作机理。只有具备科学合理的组织体系才能保障最大范围动员社会各方力量参与技能帮扶工作。通过建立一个信息互通、相互协调、全面对接的高效性组织网络，进行多部门、多组织之间的协同合作，跳过一系列复杂的程序，多部门、多组织直接沟通交流，加快信息的流通，从而促进技能帮扶工作的快速开展。

三是强化社会参与理念。鼓励支持各类企业、社会组织、个人参与技能帮扶，形成多元共治的技能帮扶格局，关键在于协同网络的建立。网络关系不同于科层关系和市场关系，网络关系是基于多维协调、平等合作的关系。在市场领域，网络关系的初始形成往往得益于多元主体间资源的互补性和目标的一致性，受益于市场的优胜劣汰机制和资本逐利本性。在外部性效应较大的非市场领域，网络关系的形成所需要的初始动力往往来源于政府，因而具有更多的政府主导色彩。作为外部性较大的领域，技能帮扶领域中多元协同网络的形成需要充分发挥政府的社会动员作用。一方面，加强组织领导，健全责任机制，建立和完善发改委、扶贫、财政、金融等多部门参与的工作联动机制，构建功能完善、分工合理、产权明晰的技能帮扶资金筹措和分配体系，充分发挥各类政府机构对技能帮扶工作的支持作用。另一方面，做好技能帮扶宣传工作，促进全社会了解技能帮扶、认识技能帮扶、参与技能帮扶，凝聚社会技能帮扶资源。

二、进一步完善协同治理机制

技能帮扶是一项系统性和协同化的工程，需要与职能相关的众多行政部门之间有效互动、合作与配合，从而实现技能帮扶的协同化运作，提高整个帮扶治理能力，以期构建综合性的技能帮扶治理体系。但是，从目前我国帮扶治理体系的构成来看，细碎化、条块化的治理模式仍然是困扰精准技能帮扶有效实施的主要障碍。各项制度、各个部门之间缺乏有效的制度衔接和部门协同与互动，导致精准帮扶乏力。一是培养对象问题。技能帮扶的对象主要为帮扶地区留守劳动力和尚处于就学阶段的适龄青少年，这部分人群一方面参与技能教育的热情不高，主要受制于自身短视和对未来规划模糊，参与技能学习多为被动式参与；另一方面学习能力不足，这部分人群普遍存在文化程度参差不齐的现象，导致在学习新知识、认识新事物、接受新经验等方面比较吃力。二是培养内容问题。从技能帮扶的实践看，尽管各地都在积极响应国家号召，积极组织各类培养，但是受制于培训场地、设施设备、师资等条件，培训内容大多数只是进行简单的理论学习、初步的技能培养，在培养内容上缺少创新，跟不上形势发展的需要。另外，培养的内容也缺少可操作性，没有通过现地调研，缺少计划，随意性大。这样不仅造成人力、物力、财力的浪费，反而影响相关人员参与技能帮扶工作的积极性。三是方式方法的问题。相对于帮扶地区对技能人才的需求，现有人才培养方式在时间、布局、组织和安排上都明显不能满足需要，存在着矛盾。在培养的安排上，集中培养的多，单个技术指导的少，尤其是在信息时代下，对于信息技术、先进技术的推广涉及的都比较少；从培养的方式上看，课堂讲授多于现场指导，这就很难满足帮扶地区技能人才培养的需求。四是管理制度问题。在国家相关政策大力鼓励及政府部门的引导下，帮扶地区技能教育培养工作已成为各级政府的重要工作，各种培训机构也跟风而至，瞬间使帮扶地区技能人才的培养成为热门行业，各种培养机构不断产生。但是从纵向来看，这些技能教育机构在资源上不能有效衔接，导致培养教育参差不齐，有的甚至根本没有质量，不追求效果；从横向上看，各种培养机构之间各自为政，政出多门，没有统一的标准和规则，培养缺乏系统性和前瞻性；教育机构的各部口间也缺乏协调，自己制订自己的培养计划。这样不仅使帮扶地区技能人才的培养专业上没有融合性、缺少系统性，同时造成教学资源的浪费，根本无法发挥社会性服务效能。以上种种原因，导致帮扶地区技能人才的培养工作陷入无序、散乱、盲目的状态，影响了技能帮扶机制的可持续性发展。

建一个服务周到、管理科学、安全可靠、切实可行的现代化技能帮扶协同治理体系显得尤为迫切。

其一,联合技工院校,提供精准技能教育服务。一是引导社会正确认识技工教育。通过各种媒体宣传,提高社会对技工教育的认可度。大力宣传技工院校"就业有优势,升学有通道"的办学优势,特别是技能帮扶重点院校和重点专业,会优先招收建档立卡贫困家庭学生,优先安排实习,优先推荐就业。引导人们从"升学导向"向"就业导向"转变,树立正确的职业价值观和就业择业观,认识到学习技能、掌握技能,实现技能成才,也是一条不错的道路。二是合理利用技工院校教师资源优势,针对现有帮扶地区产业发展技术需求,帮扶人口文化水平,年龄结构等影响因素,不断调整培训内容、培训方法形式及培训时间,对部分帮扶人口中文化水平较高、可教人群针对其已掌握的基本技能进行进一步精准高层次培训,使其成为帮扶人群中的技术指导员,并在经济和政策上给其相应鼓励。三是整合地方技工院校专业优势和师资队伍搭建技术服务平台及科技成果展示应用,使培养对象生产实践中的疑难问题随时可以得到解答。四是政府与技工院校合力配合,利用政策支持和院校技术资源,由政府部门出台相关地方政策支持,引导宣传帮扶地区待业人员积极加入技能培训当中去;建立统一的标准和规则,指导培训工作进度,使技工院校在培训内容和培训方式上下功夫;提供相关高层次工作岗位激励帮扶人员参与技能培训的积极性。五是鼓励技工院校根据市场需求与个人意愿,促进有培训需求的帮扶人口"愿培尽培",针对帮扶劳动力的职业技能培训需求,提升帮扶人口和家庭稳定脱贫能力。六是鼓励技工院校坚持因地制宜,按照缺什么培训什么的原则,量身定制,科学设置课程。依托本地产业、根据发达地区需求等,对不同年龄不同群体的帮扶人口进行有针对性的培训,同时可推行"快餐式"培训模式,面向就地就近就业的帮扶人口,把培训课堂搬到田间地头、村屋院落,让帮扶人口不出门就能学技能、增收入。七是鼓励技工院校与地方企业深度合作。根据企业人才需求对口培训待业农村失业人员技术技能,将教学过程与生产过程对接,强化校企协同育人,使其参与培训考核后既可上岗及解决其就业问题又可解决企业人才需求。同时，结合相应的产业政策和财政情况，促进帮扶地区校企合作走向更深层次。八是鼓励发达地区技工院校与帮扶地区职业院校建立定点帮扶机制。借助发达地区技工院校教育资源，与帮扶地区职业院校建立线上线下双向对接平台，发挥集中攻坚作用，进行连片定点帮扶。

其二，联合政府政策平台，增强技能教育吸引力。发挥政府部门在技能帮扶中的重要作用，全面统筹谋划、协同推进，突出技能帮扶的先导性、基础性和全局性作用，切实提升技能教育在推动乡村振兴和农民致富中的吸引力，并以此激发困难群体的内生动力。一是通过建档立卡统计，以帮扶人口为主要培训对象，继续做好帮扶人口就业与创业能力规划。摸清家底，面向外出转移就业的困难地区劳动者，将其列入各级就业培训提高就业与创业能力规划的重点人群。二是进一步加大技能帮扶宣传力度。将帮扶同扶志、扶智相结合作为培训的必学内容，全力破解帮扶户"等、靠、要"的思想，大力宣传技能脱贫、就业致富典型，引导帮扶群众发扬自力更生精神，彻底甩掉"等着扶、躺着要"的观念。三是加大资金统筹力度。统筹、整合用好就业、扶贫等部门培训资金，简化资金拨付流程，提高拨付效率，加强资金监管，确保资金安全。四是创建帮扶地区创业培训平台、优势产业平台及创业者协会平台，以解决帮扶人群技能创业中遇到的资金约束与技能创业风险问题，充分激发帮扶人群的技能创业热情；同时吸纳培训具有某种专门技术、工作技巧或者拥有某些特定技能的帮扶地区本土技能人才，让其成为技能人才培训的指导人员。五是建立健全帮扶地区技能人才激励机制，对接受技能教育后认定为技能人才的人给予激励。

其三，联合企业经营项目，稳定技能人才队伍。多年的产业帮扶实践证明，许多帮扶户在国家政策和帮扶项目的支持下，取得较好的效果，一旦国家支持政策取消了，生产经营就会陷于困境，这与帮扶户缺乏生产技能和经营管理能力有关。因此，配合产业帮扶，与农民专业合作社、区域性龙头企业密切配合，做好帮扶人员的技术技能和经营管理培训工作显得尤为重要。一是加快产业转型升级，夯实帮扶地区经济基础，大力发展区域内工业园区、农业园区、旅游园区、物流园区等各类园区，留住技术技能型人才建设地方经济。二是进一步完善企业到帮扶地区投资兴业、培训技能、带动帮扶劳动力就业增收的相关支持政策，特别是支持各类企业尤其是规模以上企业或者吸纳就业人数较多的企业设立职工培训中心，对企业举办或参与举办职业院校，可根据毕业生就业人数或培训实训人数给予支持。三是鼓励企业面向帮扶户招聘，筛选具有学习能力和工作意向的帮扶户，对其进行免费和特定的技能培训以及岗位培训。四是整合政府、企业、技工院校及区域资源，建设产业基地、帮扶车间，开发推动帮扶地区三产深度融合，带动帮扶劳动力就业增收。五是统一规划健全产品标准体系，在政府部门的大力支持下，创新产品质量，开发产品品牌项目；各个环节形成良性循环反馈系统，使技能型人才在广阔的帮扶地区发展自我、实现价值；培育帮扶地区企业集团，创造就业机会，创新发展路子。六是企业依托生产项目服务技能人才培养。鼓励企业积极与技工院校协商合作，坚定不移地走产教融合的发展道路。支持各类企业与省内外技工院校签订定向培养协议，联合招收帮扶助学订单班，明确在学时做、在做中学，双方共同制订技能人才培养方案，对接企业用工需求调整专业设置，实现学生入学与企业用工间的无缝对接，实现与技工院校的优势互补、资源共享。

三、进一步加强资金保障力度

尽管技能帮扶资金投入保障力度日益加大，但在资金的投入和管理方面仍然存在一些普遍问题。一是技能帮扶资金不足问题。技能帮扶资金的渠道窄，数额有限，项目面广点多，如学生（学员）培养成本、师资培养、设施设备、场地建设、培训补贴等都需要大量的资金，仅仅靠上级财政资金和配套资金都是杯水车薪。尤其在帮扶地区，地方政府难以挤出大量的资金用于技能帮扶。二是技能帮扶资金来源问题。技能帮扶资金来源渠道复杂、涉及面广，如财政、教育等不同的领域。资金分散，各个项目资金界定不清，各部门缺乏沟通协调，无法对帮扶资金进行准确的分配，从而导致技能帮扶资金运行成本高、效率低。加上各部门开展的技能培训侧重点与目标不同，对于培训资源、补贴标准以及培训时间等多个方面的相关规定也不同，很难充分整合资源优势，形成政策合力。极易出现培训对象、内容重复，缺乏培训设施、培训质量不理想，不能有效利用培训资源等问题，致使培训的实效性不高。三是技能帮扶资金拨付问题。技能帮扶资金拨付程序繁杂缓慢，一方面上级帮扶资金指标下达慢，资金拨付缓慢；另一方面由于手续不全、怕担责任等原因，资金层层下拨，程序繁杂缓慢。

技能帮扶是教育帮扶的重要组成部分，作为合理合法有效的社会流动，在扶智造血帮助帮扶地区成长的过程中，得到了社会各界的高度重视和广泛认同。对技能教育的投入会给帮扶人员及其家庭、社会带来诸多回报和效益，技能教育投入对提高就业回报具有显著的积极影响。加大对技能教育的投入并精准量化资金使用对于持续提高帮扶人员脱贫能力、防止帮扶人员返贫等具有十分重要的意义。

一是转变投入观念。改变过去主要是对帮扶地区生产生活进行直接财政救济性补贴而很少采取帮助帮扶地区提升其获得收入的能力的陈旧观念。改变软弱被动的输血模式，努力增强自身的造血功能。

二是加强资金预算。按照"有保有压、突出重点、集中财力办大事"的原则，坚持预算编制和预算执行并重、资金分配与加强管理并生的管理理念，做好预算资金安排，安排专项技能帮扶资金，单独设立"职业技能提升行动专账"。同时，将失业保险基金结余投入培训，大幅提升培训补贴标准，为培训提供坚实的物质保障。

三是改进资金管理。加强技能资金的管理，坚持资金跟着项目走，监管跟着资金走的原则，实行县级国库集中支付直达项目单位，实行直通车，并规定限时到位。通过网络明了每笔资金的具体使用去向，提高资金的支付运行效率，增强资金的调控能力。基于资金多头管理现象，加强整合力度，坚持渠道不乱，用途不变，集中使用，各记其功的原则，最大限度地发挥资金的使用效益。

四是完善运行机制。完善与办学规模和培养要求相适应的技工院校财政投入制度，争取对技工教育改革发展重点项目和重点工作给予专项资金支持，争取就业补助资金、帮扶资金、人才工作经费对技工教育的支持。加大资金统筹力度，统筹、整合好就业、人社、扶贫等相关部门的培训资金，做好有效衔接，简化培训资金拨付流程，减少证明材料，用大数据技术实现一次采集、多部门共享，提高资金申领工作效率。确保各项资金能够及时到位，争取实现培训资金效益最大化，充分发挥资金的整体作用。

五是扩大资金效用。严格技能帮扶项目实施管理，规范项目库建设，建立一个按照筛选、评估、立项、审批、实施、监督、检查、验收的程序进行。避免立项不实，选项不当的现象发生。到技能帮扶要坚持扶困扶志、扶勤扶能的原则，实事求是，因地制宜，区分不同情况分类指导的原则进行，对于有强烈脱贫愿望及具备技能帮扶能力的组织，集中资金优先扶持，真正做到使资金发挥帮扶的长期效果作用。加大技能帮扶项目和资金的透明度，建立和完善技能帮扶项目的公开、公示、招投标及政府采购制度，坚持技能帮扶资金到"户"原则，充分尊重人民群众的知情权、选择权和管理权。充分发挥财政、纪检、监察、审计等部门的职能，加强协作，形成合力，打造齐抓共管的工作局面，为实现乡村振兴营造良好的环境。

四、进一步加大技能师资供给力度

技能帮扶重点在基于精准管理和对受教育者的精准帮扶。师资正是这些主要环节中的核心力量。教师是推进技能帮扶的第一资源。在技能帮扶实践过程中，场地、设施设备和资金等硬件相对容易在短时间内量化、筹建和兴建，实现一步到位的供给，而师资队伍这一核心软件的供应和配给则是一个长期的、实时动态的，贯穿于技能帮扶的始终，关系技能帮扶成效的艰巨工程。在国家大力发展职业教育的背景下，帮扶地区的技能教育师资得到了必要的补充，师资队伍建设取得显著成效，但仍然存在不少问题，集中反映在以下方面：

其一，师资数量不足。从宏观上看，根据《国务院关于大力发展职业教育的决定》，我国中等职业教育与普通高中招生规模大体相当，高等职业教育招生规模占高等教育招生规模一半以上的规划，职业教育的规模急剧扩大，师资需求随之增加。从微观上看，帮扶地区职业教育师资数量原本就低于全国平均水平，教师缺口将进一步扩大。另外，师资结构性短缺现象较为突出，新专业、新课程的专任教师极其短缺。加上技能帮扶"送教下乡""送教上门"的需要，师资规模很难满足技能帮扶的需求。

其二，师资质量不高。技能教育的特殊性，决定了技能教育教师素质的特殊性，这种特殊性主要表现在要求教师素质的"双师型"或"一体化"。"双师型"即具有讲师（或以上）教师职称，又具备中级（或以上）技术职称（含行业特许的资格证书）的教师。"一体化"即按照《一体化课程规范》，进行一体化课程教学设计并组织实施一体化课程教学的专业教师。双师型、一体化教师实质上是指教师应具有丰富的理论知识，同时具有丰富的实践经验和较强的操作能力。技能教育培养的是生产、服务一线急需的技能型人才。为实现这一目标，必须建立起一支与之相适应的双师型、一体化教师素质队伍，使学生接受良好的理论知识教育和实践技能教育。由于帮扶地区技能教育大部分由原普通学校转制而建，其教师以文化课教师为主，专业教师较少，双师型、一体化教师比例很少。因而在技能帮扶过程中，许多地区只能开展一些简单实用的初级技能培训，造成培训层次低、培训项目单一，不能充分满足帮扶地区劳动力对职业技能培训的多样化需求。从教学内容来看，技能帮扶培训的教学内容多侧重于理论教学，而忽视实训操作，普教化教学倾向严重。

其三，培训渠道不畅。在开展技能帮扶之前应有一定的师资储备，没有师资储备就像没有技术人员建项目，难以有合格的产品。在技能帮扶过程中，需要加强培训，不断弥补和提高教师的职业能力和技能帮扶水平。但由于我国技术技能师范型院校较少，且能够提供技能教育师资培训的渠道较少，特别是在帮扶地区教师的进修及接受培训的平台和渠道就更少，以致帮扶地区技能教育教师的职业能力长期得不到系统提升和实时更新，严重制约技能帮扶的效果。

诚然，帮扶地区技能教育师资队伍建设存在很多困难，如资金、设施设备、场地等问题，但不能因此而放弃对技能教育师资队伍的建设。建设技能教育师资队伍，加大技能帮扶力度，既需要相关职业院校和技工院校主动想办法，更需要政府从更高层面进行统筹规划，也需要行业、企业以及其他社会力量参与，从而切实加强技能教育师资队伍建设。这是技能教育发展的基础，也是帮扶地区技能教育事业发展的关键因素。

第一，加快技术技能型师范院校建设。师资队伍建设是技能教育发展的前提性工程。从技术技能型师范院校发展历程来看，技术技能型师范院校创建于职业技能教育之后，且到目前为止该类院校的办学数量和规模十分有限，无法满足技能教育的需求，尤其是一些省份甚至连一所技术技能型师范院校都没有。加快建立技术技能型师范院校，可以采取两种建设方式：一是改制普通师范院校为技术技能型师范院校；二是将普通师范院校与高水平技能技术型院校合并，组建新的技术技能型师范院校。扩大技术技能型师范院校规模，加大技能教育师资供给力度，更好地服务技能帮扶。

第二，提高技能教育教师职业吸引力。一是扩大技能教师编制规模。扩大技能教育技师编制规模是技能教育发展的必然要求，需要地方政府结合实际提前做出规划，确保技能教师规模能够及时按需增长。二是提升师资队伍的品质和稳定性。在现有制度框架、政策体系和配套规划中，配套技能教育师资队伍政策和资源供给，提高技能教育师资队伍工资水平和福利保障，让职称评聘、住房安置、子女教育、医疗养老等方面的优惠政策向技能教育师资队伍适当倾斜，构建稳定的帮扶地区技能教育师资队伍。三是积极引进和培养高水平骨干师资。积极深化人事制度改革，大力构建人才发展平台，创造良好的工作环境，为引进高层次技能人才提供经费和实验实训设备支持，从资源、政策和工作条件上对高层次技能人才进行大力扶持及培养，最大限度地满足教师在实际工作中的情感归属。四是加强青年教师人才队伍的培养。通过师资培训和技艺交流，大力选送优秀技能教师参加国内外高水平技术技能水平交流活动；

围绕地方经济社会发展目标，通过校地合作、校企合作，努力培养一批具有创新精神和发展潜力的青年师资队伍，为技能帮扶事业可持续发展奠定坚实基础。

第三，拓宽技能教育专业教师培训渠道。一是立足自身，建立院校师资培训基地。充分发挥高水平职业院校和技工院校的教育资源优势，采用重点培养和校本培训相结合的办法，重点培养专业带头人；也可以采用引进来或送出去培养的方式，制订技能教育专业教师定期进修计划，培训在职教师队伍。二是校企合作，建立企业培训基地，选送教师到企业接受系统的专业技能培训，或安排教师利用寒暑假或短期到企业顶岗实践，提高教师的专业实践技能，充分利用社会资源和条件，实现校企的优势互补，加大校企合作培训师资力度。三是利用国际优质职教培训师资资源，建立国际培训基地。着力提高高层次技能教育师资规模，促进技能教育教师职业能力与国际接轨。

五、进一步加快技能教育信息化建设

传统的帮扶模式更多的是采用政府自上而下的纵向资源输入，而在多元协同技能帮扶体系中更多的是需要横向资源输入、资源整合、资源共享。随着技能帮扶工作成效日益显著，帮扶地区和越来越多的帮扶群众意识到通过技能教育促进就业来改善家庭经济收入的重要作用，接受技能教育的家庭投资意愿也逐年升高，对优质技能教育资源的需求也日益强烈。但技能教育资源分布并不均衡，帮扶地区优质技能教育资源尤其稀缺，加大帮扶地区优质技能教育资源的投入与建设面临诸多困难。

一是供给方式的局限。从改善学校办学条件到发挥优质学校带动作用，从畅通帮扶学子纵向流动渠道到普及职业技能教育，全方位推动区域教育精准帮扶转向以教育质量提升为核心的内涵式发展。要实现这个发展转变，势必要借助外部力量推动现有技能帮扶供给方式的变革。

二是供给结构的局限。教育精准帮扶旨在实现帮扶地区人力资本的提升，其供给方式由单纯"输血"式资源注入转向提升自身"造血"能力的学习、指导和培训，让帮扶群众以个体脱贫"参与感"带动集体增收"获得感"。但在这种转变过程中，以政府为主导提供的资源和服务供给与帮扶群众教育脱贫需求存在对接结构错位，诸如脱贫需求识别不精准、供给方案缺乏个性化、资源配置流动与分配不够合理等问题，阻碍了技能帮扶的深入开展。

三是供给制度的局限。帮扶地区普遍面临对象多元以及需求动态变化的发展态势，仅仅依靠政府单一主体供给无法满足需求，在资源与服务供给传递、对接、监管方面也缺乏有效平台与工具，亟须引入多元主体协作与技术嵌入机制，在制度层面保障精准技能帮扶顺利实施。在帮扶地区技能教育公共服务供给不能完全满足帮扶群众持续脱贫致富需要的情况下，亟须借助信息技术和信息化平台优势，促进技能教育资源均衡流动，推动优质教育资源在帮扶地区的共享应用，努力扩大优质教育资源覆盖面，从而使帮扶群众享受到教育公平。

技能教育信息化是实现优质资源共建共享、促进技能教育均衡发展、创新人才培养模式、推进终身学习的重要手段，信息技术与技能教育的融合创新在助推技能帮扶供需互驱基础上实现供给侧的优化和重组，也为技能帮扶供给侧到需求端的传递对接提供了新的方式。技能帮扶供给是包括要素供给（教师、学生、课程和环境）和产品供给（教育产品、教育服务）的社会资源，其有效配置由供给主体（政府、市场、社会）进行计划、组织与实施，受供给结构的约束，并且通过传递过程的分配、流动和重组来实现。合理配置技能帮扶供给，使之最大限度地满足帮扶群体与个人在教育权利、机会、产品和服务方面的不同需求，是其有效配置的出发点和根本目的。技能教育信息化为帮扶群众脱贫需求的表达、评估和定位提供了新的路径，根据群众诉求，利用信息化平台提供生产与技能教育服务，提高帮扶群众职业技能水平，改变区域群众思想观念，从而激发帮扶群众脱贫的内生动力。技能教育信息化从"需求端拉动"与"供给侧推动"两端同时发力，实现区域帮扶供给结构化调整，为区域脱贫提供更好更优的教育公共服务与支持，成为推动技能帮扶的有效手段。

技能教育信息化支撑和服务与教育的时代化新生态重构，遵循着技能教育发展的一般共性规律，其助推技能帮扶供需对接的作用机理在于依据区域物质基础、技术水平、教育政策等基本条件，利用信息技术对技能帮扶供给传递过程进行适宜性改组与改造，以期形成教育信息化助推技能帮扶供需的保障机制和解决方案，实现供给与需求的精准对接。

其一，开展顶层设计。结合区域脱贫的技能教育需求、技能帮扶的不足、问题与供给需求现状，从技能教育信息化促进区域技能帮扶的角度探索和揭示其可为与不可为之处，进而从对象精准确立、供需精准对接、资源精准配置、成效精准评估等方面分析信息化推动技能帮扶的着力点，从优化教育供给结构、完善教育资源配置、扩大优质技能教育资源供给等方面设计与制定以技能教育信息化推动需求端与供给侧精准对接的策略与可行路径，真正实现通过信息技术支持下的技能教育精准帮扶帮助片区精准脱贫的目的。

其二，制定行动框架。依托技能教育信息化服务体系中环境建设、资源配置、师生交互、家校协同等模块，开展教育信息化促进片区薄弱学校、教学点开齐课和开好课的实践，逐步实现区域技能教育发展"兜底线"和"促均衡"的目标。结合片区基础教育发展现状、特点及需求，在实际教学中将信息技术与协作学习、自主学习、探究性学习等模式与方法相结合，通过教学模式与方法创新、优质且适切资源应用等方面的探索，探索信息技术支持下区域技能教育结对帮扶、精准施策途径。

其三，完善保障机制。构建面向帮扶地区精准技能帮扶的技能教育信息化建设机制，以及帮扶地区技工院校教师与帮扶群众培训机制，完善相关配套办法和实施细则，建立技能教育公共服务建设的意愿表达渠道，最终形成新型制度体系，服务于乡村振兴战略规划。积极引导并鼓励学校、社会和市场等多方力量共同参与到区域技能帮扶工作当中来，以技能教育信息化为依托，构建"以政府为主导，学校、社会、企业共同参与"的区域技能帮扶多元协同机制，形成全社会参与区域技能帮扶的合力，建设各种精准帮扶共同体。

第四节 建立技能帮扶就业指导体系

技工院校技能帮扶的最终目标是通过学生的有效就业实现个体脱贫、家庭脱困。而对口帮扶的学生群体有着其特殊性，针对该群体应制定全程化、全员化的就业指导体系，从就业能力、政策指导、信息指导、技术指导、心理指导到创业指导全覆盖，在就业前、就业中和就业后做到"扶上马送一程"，从提供就业岗位转变为提高就业质量，着力提高帮扶家庭子女的就业层次。

实现帮扶家庭劳动力充分就业、稳定就业，是帮扶家庭实现持续增收、稳定脱贫最直接、最有效的手段。现在，全国各地都探索出许多就业帮扶的经验，如引进帮扶产业、开发帮扶公益岗位、让帮扶家庭人员就地就近就业、劳动力转移输出就业等。目前帮扶家庭劳动力就业层次不高，带动增收的效果还不明显。具体表现在帮扶家庭劳动力在正规部门就业的比例较低，而且就业帮扶劳动力的平均收入还不高。

首先，在帮扶家庭子女技工院校学习技能教育阶段，政府和学校要做好帮扶家庭子女就业规划和职业指导方面的政策配套，让帮扶家庭子女在学校阶段就有一个良好的就业愿景和目标导向。这样不仅能让他们在技能学习当中有明确的目标，而且对自身的未来也充满希望，有利于减少缺失目标而造成的辍学情况。

其次，政府应该大力发展面向帮扶地区劳动力的职业技术教育和培训。职业技能教育侧重于实践技能和实际工作能力的培养，帮扶地区的学生通过技能教育，提高就业技能，增强就业竞争能力，可以拓宽其就业渠道，提高就业层次。在目前我国技工院校生源流失的情况下，国家可以扩大面向农村的招生量，提高面向帮扶地区学生、面向涉农专业学生的学费减免和生活费资助力度，吸引更多初、高中毕业生到职校、技校学习；然后再通过政府、学校的企业合作平台更稳定地推动就业。

许多研究都表明，在学生就业的影响因素中，家庭背景是影响就业和收入的关键因素之一。农村帮扶家庭的高校毕业生，毕业后在就业市场上处于十分不利的地位，无论是就业的层次，还是毕业后的收入都与其他大学生存在较大的差距，甚至有些帮扶地区学生毕业后找不到工作，家庭也变成了包袱。国家出台就业扶持政策，在毕业生创业和就业初期提供一定的住宿、创业项目孵化、申请创业贷款等方面的资金扶持力度，将有力推动帮扶家庭学子高质量就业，以达到阻断代际贫困的作用。

一、完善课程体系，填补基础能力短板

学校在帮扶实践中发现，对口帮扶的学生群体均来自经济欠发达地区，原生态成长环境的差异使该群体学生在社会认知、人际关系、竞争意识、信息化知识与运用能力等方面与深圳成长的学生存在较大的差距，从而造成该群体学生在学习过程中由于基础薄弱形成新的学习困难，甚至加剧其自卑心理。因此，学校应在教学体系中增加课外专项辅导课程，如"Word、Excel、PowerPoint"等计算机办公软件类课程，逐步提升学生的现代办公基础能力。同时，在原有开设的"职业指导"课程的基础上增加"为人处世"及"走进职场"的体验类一体化课程，丰富整个在校期间的渐进式社会融合指导，填补学生在社会交往及职业规划方面的短板，为后期有效就业创造机会。

二、构建多层次的社会实践渠道

丰富的社会实践经验是学生实现合理择业、有效就业、敢于创业的保障。技能帮扶对象的学生群体由于来校时间短、本地社会关系资源少、专业用工信息不足等原因，在社会实践中处于弱势，即便参与了社会实践往往也多是处于较低层次的简单劳动力角色，对日后专业选择的帮助有限。因此，学校可以从多层次构建学生参与社会实践的渠道，建立以渠道为平台的实践指导机制。

（一）建立以学校内部服务为基础的勤工助学实践渠道

招收对象重点向帮扶生倾斜，以招聘用工部门教师为辅导主体，服务对象为校内师生，这样既可以使帮扶生在相对较低的竞争压力下适应"职场"环境，又能够不断强化"自力更生、劳动获酬"的现代社会生存意识。经过几年的实践我们发现，参与深圳鹏城技师学院目前提供的勤工助学岗位，如图书管理助理、学生事务管理办公室助理、实训室管理助理、宿舍协管助理等岗位，对于帮助初入学的学生快速融入新环境起到显著的成效。调研数据也显示，72.67%的帮扶生认为勤工俭学有效帮助其融入学校生活。但是同时我们也发现，不同部门勤工助学的岗位对同学成长速度的影响也存在差异。通过跟踪调查发现，除去个体特性差异外，主要与用工部门的人员管理制度、绩效考核制度及工作任务的要求有关。针对帮扶生的用工建议在工作岗位要求上应更加细化，明确实践培养目标，形成循序渐进的考核机制，使学生在勤工俭学项目的实践中从思想到能力上得到切实的提升。

（二）搭建以学生会组织为基础的校外兼职渠道

学生校外兼职在学生中普遍存在，对技工院校学生的成长是有益的，一方面锻炼了学生的动手能力，积累了社会交往经验；另一方面也能够树立学生自立的意识，缓解家庭经济困难学生的部分经济压力。在实际情况中，学生校外兼职信息渠道主要有以下几类：第一类是深圳学生家长及亲朋推荐，大约占30%；第二类是学校同学推荐，大约占40%；第三类为网络媒体招聘信息，大约占30%。帮扶生的校外兼职主要通过第二类和第三类渠道获取。技工院校学生的校外兼职岗位主要以餐饮服务及零售业服务岗位为主。考虑到学生校外兼职的安全风险，学生会按照不同领域的学生兼职建立互助社团，以老带新，以本地学生带动帮扶生，从学校助学走向社会兼职，通过社团骨干引领、学生管理教师参与的定期经验分享会等形式帮助学生对社会用工环境及要求的进一步了解，同时也可以使帮扶生树立"努力学习，以知识改变命运"的信念。一些高等院校设置勤工助学指导中心，采取学校参与搭建校园兼职招聘平台，对招聘企业资质、岗位待遇或劳动保护等条款进行审核，确保兼职学生权益的做法也值得借鉴。

（三）坚持以校企合作为基础的短期岗位实践渠道

技能帮扶旨在通过培养学生掌握一项专业技能，从而胜任行业企业的岗位工作需要。由于帮扶生在深圳缺少亲朋好友，较难找到专业的短期实践岗位。技工院校可以利用与行业企业长期建立的合作关系优先推荐帮扶生到企业中进行短期兼职，使其切身体验未来就业环境和岗位要求。此外，在短期兼职中收获的知识和经验也为帮扶生在明确未来学习目标的方面起到积极的引导作用。帮助帮扶生对基层工作环境建立正确的认识，能够减少日后到岗工作时可能产生的心理落差。

三、强化顶岗实习阶段的实践指导和心理疏导

顶岗实习是技工教育一线企业实践学习的重要环节。从学生身份向企业员工过渡的时期，学生往往会在早期出现心理不适甚至退学的情况，帮扶生也是如此。为了确保帮扶成果，在实习单位的安排上应尽可能选择提供食宿的合作企业，缓解学生早期吃住费用方面的压力。顶岗实习阶段，实习管理教师需要与企业重点关注帮扶生的思想动态，由于学生实习岗位会分布在不同的企业中，来自同一地区的帮扶生很难都能分配在一起工作生活，容易出现环境不适和孤独无助感。在实习早期，企业常常安排学生进行适岗训练，工作内容也以基础性或辅助性工作为主，师徒制中的学习方式有较大的变化，对于学生的自主性和目的性学习提出较高的要求，同时人际关系的变化也会对学生提出挑战。尤其在顶岗实习早期，既要培养学生克服困难、坚持不懈的精神，又要与学生保持及时沟通，排解其在工作生活中遇到的困惑，做学生的良师益友。在顶岗实习中后期，会出现学生更换实习单位，尤以春节后较为突出。二次更换实习单位对学生全面了解行业岗位不利，同时也不利于学生理性择业及长期稳定发展。

实习管理可引入"家—校—企"三方合作机制，校企建立帮扶生管理信息沟通平台，实习管理教师定期收集学生的工作状况，对工作能力不足的学生结合学生特长协商调岗；对于工作意愿动摇的学生，采取家校联手，由学生家长配合做好思想工作，激发学生珍惜机遇、积极就业而改变家庭、个人命运的决心和信心。同时建立师生访谈机制，定期召集帮扶生返校开展座谈，主动了解学生实习状况和工作困难，及时把握学生的心理动态，做好心理疏导工作，以降低退学情况的发生率。

四、建立健全毕业后续跟踪服务制度

技能帮扶项目的终点不是学生毕业，而是将毕业后是否能够稳定就业、持续就业作为评价技能帮扶成效的关键指标。在学生毕业后，学校仍需持续跟踪，掌握技能帮扶各专业就业岗位收入水平、专业对口率、深圳就业留存率等相关数据，滚动积累，并进行对比分析，针对失业毕业生提供二次推荐就业服务，或对存在转型就业需求的帮扶生提供再培训的优惠政策；对于有自主创业需求的毕业生提供创业指导和创业支持。

深圳鹏城技师学院针对帮扶生进行了毕业后的持续跟踪调研发现，毕业一年的学生留深工作比率为88.74%，第一年平均月收入不低于同级别广东省毕业生平均收入，技能帮扶效果喜人。但同时专业对口率为64.5%。统计数据显示，不同专业之间存在较大差距，最高为96%，最低为27%。因而在日后的技能帮扶专业选择时，应对生源地特色进行深入分析，让学生学有所长。

第七章　技能帮扶创新与发展

习近平总书记深刻指出，脱贫攻坚取得胜利后，要全面推进乡村振兴，这是"三农"工作重心的历史性转移。人才是乡村振兴的第一资源。农民是乡村振兴的主体，持续提升农民致富能力是实现后扶贫时代乡村振兴的关键，技能教育起着不可替代的作用。新时期，技能教育需要紧跟农业发展和农村建设的步伐，进一步提升教育水平，构建高质量的现代技能教育体系，培养更多适应农业农村发展的高素质技术技能人才、能工巧匠，全面提升技能教育服务"三农"水平，实现"培养一个人才、壮大一个产业、服务一方经济、致富一方百姓"的社会效益，为乡村振兴提质增效、赋能提速。2018年以来，广东省委省政府以小切口撬动大民生，实施以"粤菜师傅工程""广东技工工程""南粤家政工程"三项工程为核心的乡村振兴行动。深圳鹏城技师学院积极投身"三项工程"实践行动，并结合自身技能教育优势和技能帮扶需要，通过立足产业需求优化设置专业、深化产教融合培养技能人才、打造综合性技能教育平台拓展服务空间等多种方式和途径，面向进城务工人员、农村剩余劳动力开展更专业、更优质的技能教育和职业培训服务，不断创新与发展技能帮扶工作内涵，为乡村振兴战略的实施提供人才支撑，取得了系列技能帮扶新经验和新成果。

第一节　从脱贫攻坚到乡村振兴

2020年2月，全国脱贫攻坚总结表彰大会在北京召开，习近平总书记发表重要讲话："在迎来中国共产党成立一百周年的重要时刻，我国脱贫攻坚战取得了全面胜利，现行标准下9 899万农村贫困人口全部脱贫，832个贫困县全部摘帽，12.8万个贫困村全部出列，区域性整体贫困得到解决，完成了消除绝对贫困的艰巨任务，创造了又一个彪炳史册的人间奇迹！"

这是中华民族彪炳史册的奇迹，也是人类发展历史上前所未有巨大的脱贫成就，标志着我国的扶贫工作全面进入了新的历史时期和新的发展阶段。脱贫攻坚战的重大成就，是整体性贫困及绝对贫困问题的解决，这也是实现全面建成小康社会目标任务的关键前提。整体性贫困及绝对贫困的解决，为巩固拓展扶贫工作成果打下了坚实基础。

一、后扶贫时代的变化

脱贫攻坚的全面胜利，意味着我国进入了后扶贫时代的新发展阶段。后扶贫时代的主要变化：一是要从着重解决整体性贫困向解决发展不平衡不充分、缩小城乡区域发展差距上转变；二是从以消除绝对贫困为目标向消除相对贫困上转变；三是与乡村振兴有效衔接，让脱贫基础更加稳固、成效更可持续结合起来；四是以实现人的全面发展和全体人民共同富裕为目标。

在党的十九大报告中，习近平总书记首次提出乡村振兴战略，为后扶贫时代实现上述4个转变指明了发展方向。2017年12月，中央农村工作会议举行，全面分析当前"三农"工作面临的形势和任务，研究新时代乡村振兴战略实施政策。2018年2月，中共中央、国务院印发《关于实施乡村振兴战略的意见》。此举具有十分重要的开创性意义，标志着我国"三农"工作即将进入乡村振兴新的历史阶段。

脱贫攻坚的胜利，彻底改变了落后地区尤其是贫困农村的面貌，彻底改变了农村贫困人口的生活。农村的公路、电网、通信网络等基础设施不断完善，基本实现了村村通公路和 4G 网络的全覆盖。2020 年农村居民人均可支配收入 17 131 元，增长 6.9%。这些成就为实施乡村振兴战略奠定了良好的物质条件基础。

乡村振兴战略与脱贫攻坚一脉相承，是新中国成立以来特别是改革开放以来实施脱贫攻坚的有机衔接，是解决发展不平衡不充分的必然要求，也是实现全体人民共同富裕的必然要求，更是实现"两个一百年"奋斗目标的必然要求。

二、乡村振兴战略的要求

全面贯彻党的十九大精神，以习近平新时代中国特色社会主义思想为指导，加强党对"三农"工作的领导，坚持稳中求进总基调，牢固树立新发展理念，落实高质量发展的要求，紧紧围绕统筹推进"五位一体"总体布局和协调推进"四个全面"战略布局，坚持把解决好"三农"问题作为全党工作重中之重，坚持农业农村优先发展，按照产业兴旺、生态宜居、乡风文明、治理有效、生活富裕的总要求，建立健全城乡融合发展体制机制和政策体系，统筹推进农村经济建设、政治建设、文化建设、社会建设、生态文明建设和党的建设，加快推进乡村治理体系和治理能力现代化，加快推进农业农村现代化，走中国特色社会主义乡村振兴道路，让农业成为有奔头的产业，让农民成为有吸引力的职业，让农村成为安居乐业的美丽家园。

三、乡村振兴战略的目标任务

结合党的十九大报告中提出的分阶段实现"两个一百年"奋斗目标的战略安排，《关于实施乡村振兴战略的意见》提出了实施乡村振兴战略的 3 个阶段目标：

到 2020 年，乡村振兴取得重要进展，制度框架和政策体系基本形成。

农业综合生产能力稳步提升，农业供给体系质量明显提高，农村一二三产业融合发展水平进一步提升；农民增收渠道进一步拓宽，城乡居民生活水平差距持续缩小；现行标准下农村贫困人口实现脱贫，贫困县全部摘帽，解决区域性整体贫困；农村基础设施建设深入推进，农村人居环境明显改善，美丽宜居乡村建设扎实推进；城乡基本公共服务均等化水平进一步提高，城乡融合发展体制机制初步建立；农村对人才吸引力逐步增强；农村生态环境明显好转，农业生态服务能力进一步提高；以党组织为核心的农村基层组织建设进一步加强，乡村治理体系进一步完善；党的农村工作领导体制机制进一步健全；各地区各部门推进乡村振兴的思路举措得以确立。到2035年，乡村振兴取得决定性进展，农业农村现代化基本实现。农业结构得到根本性改善，农民就业质量显著提高，相对贫困进一步缓解，共同富裕迈出坚实步伐；城乡基本公共服务均等化基本实现，城乡融合发展体制机制更加完善；乡风文明达到新高度，乡村治理体系更加完善；农村生态环境根本好转，美丽宜居乡村基本实现。到2050年，乡村全面振兴，农业强、农村美、农民富全面实现。

在后扶贫时代，乡村振兴战略已上升为国家重大战略，成为第二个百年奋斗目标的重要组成部分，也是实现"两个一百年"奋斗目标全面实现的关键所在。乡村振兴是全面的振兴，不仅对农村经济建设提出了更进一步的要求，同时也对农村的政治建设、文化建设、社会建设、生态文明建设和党的建设提出了全方位的要求；乡村振兴是现代化的振兴，要求加快推进乡村治理体系和治理能力现代化，加快推进农业农村现代化；乡村振兴是城乡融合的振兴，要求建立健全城乡融合体制机制和政策体系，消除城乡差别、解决发展不平衡不充分问题。

第二节 精准技能帮扶的创新与发展

后扶贫时代的新形势新变化，对技能帮扶提出了新要求，而乡村振兴战略的实施，则为技能帮扶发展提供了根本遵循。技能帮扶要顺应新时代国家战略的调整，大力实施创新发展，为乡村振兴做出新贡献。

一、技能帮扶重心的转变

在扶贫攻坚阶段，技能帮扶着眼于扶贫，着重对帮扶生实施技能教育，授以提高就业能力的一技之长，实现个人乃至家庭的脱贫，其重心在个体的帮扶上。在乡村振兴战略阶段，要向解决发展不平衡不充分问题转变，必然要求技能帮扶要转向到对院校、地区的帮扶上，其重心在整体的帮扶。

此外，乡村振兴的目标任务是加快推进现代化，对新时代的技能帮扶提出了更高的要求，不能仅满足于补短板、强弱项，而是要向实现缩小城乡区域发展差距上努力，实现帮扶地区的职业教育的现代化。

二、三项工程：技能帮扶的创新与发展

自 2018 年起，广东省围绕乡村振兴战略，先后推出实施"粤菜师傅""广东技工""南粤家政"等三项工程，并以此为抓手，高质量、高标准推进技能帮扶向乡村发展，实行三项工程"三下乡"服务：技能名师下乡、技能培训下乡和技能评价下乡，积极为当地农村培养发展所需的技能人才，助力乡村振兴。

（一）"粤菜师傅"工程

2018 年 4 月，广东省乡村振兴工作会议在广州召开，会议认真落实习近平总书记对广东工作的重要讲话精神和重要指示要求，对全省实施乡村振兴战略进行全面动员部署。会上，省委书记李希同志提出了深入学习贯彻习近平新时代中国特色社会主义思想尤其是习近平总书记"三农"思想，推动广东农业全面升级、农村全面进步、农民全面发展的六大举措，创新性提出要实施"粤菜师傅"工程，推动一二三产业融合发展，走质量兴农之路。其后，《广东省"粤菜师傅"工程实施方案》明确提出，采取职业培训与学制教育相结合模式，大规模开展"粤菜师傅"

职业技能教育培训，提升粤菜烹饪技能人才培养能力和质量；打造"粤菜师傅"文化品牌，提升岭南饮食文化海外影响力；将"粤菜师傅"打造成弘扬岭南饮食文化的国际名片。另外，在《广东省加强技能人才队伍建设行动方案（2018—2022）》中，进一步明确实施"粤菜师傅"工程的举措，支持技师学院与知名大型饮食集团共建粤菜学院、粤菜研究院，传承粤菜优秀传统技艺；开展粤菜师傅系列重大活动，每年开展全省粤菜师傅技能大赛、粤港澳大湾区粤菜师傅技能大赛，指导和推动各地组织开展名师名店名菜评选、特色粤菜烹饪技能展示活动，持续营造良好的社会氛围。按照计划，到2022年，全省开展粤菜师傅培训5万人次以上，直接带动30万人实现就业创业。

（二）"广东技工"工程

2019年，为深入贯彻落实国家关于加强技能人才队伍建设的决策部署，加快建设一支高素质劳动者大军，为广东经济高质量发展提供强有力的人才支持，广东省提出实施"广东技工"工程。其总体要求是，以服务现代产业发展、促进更充分更高质量就业为导向，大力发展职业教育，大规模开展职业技能培训，打造一支数量充足、结构优良、技能精湛的"广东技工"队伍。方案提出，围绕乡村振兴战略，重点建设乡村工匠、农产品加工、农村电商等特色专业，到2022年开展乡村工匠技能人才培养培训10万人次以上。另外，大力促进技能就业创业，推进技能帮扶对接帮扶，建立完善的技能帮扶对接帮扶机制，推动广东与广西、贵州等中西部六省区开展技能人才劳务合作交流，吸纳受帮扶地区劳动力来粤就业，继续支持对口支援地区提升职业教育办学水平。

（三）"南粤家政"工程

"南粤家政"工程以母婴服务、居家服务、养老服务、医护服务为重点，实施家政服务业提质扩容行动，引导职业院校和技工院校开设家政服务相关专业，鼓励社会力量积极开展家政服务职业技能培训。工程的主要内容：加强专业、教材、师资、课程和评价标准建设，推动职业院校和技工院校新增家政服务类相关专业建设，在职业院校和技工院校中招收"南粤家政"专班，编写统一的家政服务教育系列教材，开发不同学时课程，培养引进专业师资队伍，推动"南粤家政"专项职业能力考核规范和职业技能培训课程标准开发。加快平台载体建设，创建家政服务培训示范基地、"南粤家政"综合服务示范基地和基层服务站。健全家政服务标准化建设，健全南粤家政标准体系，制定家政服务质量规范、家政服务职业规范。实施员工制家政企业引领计划，扶持建设家政服务龙头企业。推动"南粤家政"技能培训，以母婴、居家、养老、医护4大培训项目为重点，完善激励政策，调动各方力量积极开展家政职业技能培训，提升家政人才培养能力。

三、三项工程的创新性分析

三项工程是后扶贫时代广东省技能帮扶的重大创新举措，是在乡村振兴战略部署下技能扶贫向技能帮扶的重要转变，其创新性体现在以下4个方面：

第一，三项工程是在国家乡村振兴战略背景下应运而生的，适应新时代乡村建设发展所需，与技能帮扶的区别在于其着眼点不同，工程实施的主要目的是推动广东农业全面升级、农村全面进步、农民全面发展。

第二，三项工程是对脱贫攻坚的全面深化与提升，是技能帮扶的升级版，通过实施三项工程，建设一支高素质劳动者大军，促进更充分更高质量就业，为乡村高质量发展提供强有力的人才支持，走高质量兴农之路。

第三，三项工程是小切口大民生工程，既聚焦老百姓关心的民生问题如饮食、家政、就业问题，同时也聚焦制造业高质量发展、乡村高质量发展和经济社会高质量发展，以小切口带动大民生。

第四，三项工程是系统性集成工程，从人才培养、专业建设、课程体系、师资队伍、评价标准到载体建设、行业发展、就业服务等进行体系构建、系统推动，形成全方位、全链条的系统性工程。

第三节　新时期技能帮扶实践

一、学校帮扶能力的提升

随着新技术革命的加速发展与演进，抓住产业升级调整新机遇，加快发展现代职业教育已成为大势所趋，现代职业教育成为国家竞争力的重要支撑。2019年，习近平总书记对我国技能选手在第45届世界技能大赛上取得佳绩作出重要批示："劳动者素质对于一个国家、一个民族发展至关重要。技术工人队伍是支撑中国制造、中国创造的重要基础，对推动经济高质量发展具有重要作用。要健全技能人才培养、使用、评价、激励制度，大力发展技工教育，大规模开展职业技能培训，加快培养大批高素质劳动者和技术技能人才。要在全社会弘扬精益求精的工匠精神，激励广大青年走技能成才、技能报国之路。"在国家大力发展职业教育的关键时期，技工院校作为现代职业教育的重要组成部分，取得了令人瞩目的成就，也寄托了党和国家的殷切希望。

作为粤港澳大湾区建设的核心引擎，以及中国特色社会主义先行示范区的建设者，争创国际一流，着力打造高端职业教育体系，已成为深圳"十四五"规划和远景发展纲要的一大愿景。2019年9月，深圳市委市政府印发《关于推进教育高质量发展的意见》再次强调"努力将第二高级技工学校建成全国示范高等技工院校"。提升办学层次，提高办学质量，创建高水平技工院校，服务深圳高素质技能人才大军建设，落实深圳推进教育高质量发展战略目标，成为学校新时期责无旁贷的历史任务和责任担当。

为进一步提升办学层次和办学水平，学校于2019年3月制定工作方案，启动技师学院申办工作。学校申办技师学院工作得到了广东省人社厅、深圳市委市政府的高度重视，先后列入《广东省关于支持深圳建设中国特色社会主义先行示范区推进深圳人力资源和社会保障事业优先发展的若干政策措施》《深圳市建设中国特色社会主义先行示范区2020年工作要点》。申办工作启动后，学校坚持"以评促建、以评促建、以评促发展"，全力以赴、全面动员，建立质量管理体系，加强师资队伍建设，推进专业建设，规范实训室管理，提升校园环境，办学质量得到快速提升，于 2020 年 10 月顺利通过广东省专家组现场评审，并于当年 12 月，被广东省人民政府批复同意升格为深圳鹏城技师学院。

学校升格为技师学院，是对学校办学质量与水平的充分肯定，同时，也为学校更好地服务国家战略、做好技能帮扶创造了前提条件。深圳鹏城技师学院将以升格为契机，继续发扬接续奋斗和勇于奉献的精神，永葆"闯"的精神、"创"的劲头、"干"的作风，再接再厉，乘势而上，高质量做好技能帮扶工作，开创对口技能帮扶工作新篇章。

二、技能帮扶的创新实践

进入后扶贫时代，深圳鹏城技师学院按照上级部署，深入实施三项工程，将三项工程导入到对口帮扶工作中，创新了技能帮扶的实践，为技能帮扶的发展提供了新的路径。

（一）"粤菜师傅"工程的实践

深圳鹏城技师学院充分发挥"粤菜师傅"工程辐射带动作用，建立"粤菜师傅"工程与对口帮扶结合的长效机制。在对口帮扶广东汕尾的过程中，学校了解到汕尾地区仍然没有公办职业院校开办烹饪专业，而"粤菜师傅"工程在全省已经全面铺开，这一状况势必影响汕尾地区"粤菜师傅"工程的开展。经过与当地扶贫、教育、人社部门共同研究，选定了办学条件良好、办学基础扎实的海丰县中等职业学校共同开展合作推动"粤菜师傅"工程在当地的实施。

深圳鹏城技师学院帮助海丰县中等职业学校开设了烹饪专业，从培养方案、课程体系、场地建设、师资建设等方面进行全面指导，在短时间内实现了专业从无到有的突破。学校还先后投入近 200 万元，帮扶海丰县中等职业学校建设了中式烹饪、中西式面点、综合示范等实训室，完善了教学场地的建设。为解决该校专业教师不足的问题，深圳鹏城技师学院还坚持派出优秀师资赴海丰县中等职业学校支教，并帮助培养专业教师，带动了该校烹饪专业办学水平的快速提升（见图7-1）。

图7-1　学校支教教师上烹饪示范课

在深圳鹏城技师学院的帮扶下，海丰县中等职业学校成为汕尾市首个"粤菜师傅"培训基地，除了全日制烹饪专业学生的培养外，还成功举办了汕尾市第一期"粤菜师傅"培训班，成为汕尾市实施"粤菜师傅"工程的重要抓手（见图7-2）。

图7-2　学校帮扶海丰中等职业学校建设的烹饪实训室

（二）"南粤家政"工程的实践

2020年，为帮扶深圳市龙岗区提升家政服务技能人才培养能力，深圳鹏城技师学院充分发挥专业培训的优势,利用政策资源,与龙岗区人力资源局合作共建"龙岗区家政学院",并获得了"广东省南粤家政综合服务示范基地"称号,首创市区政校合作新模式,创新了"南粤家政"工程的实施,打造了全省家政服务行业人才培养先行示范标杆。示范基地建筑面积 3 000 平方米,设置母婴服务、养老护理、居家服务、医疗护理等 14 间实训室(见图 7-3 和图 7-4),以及电脑机房、心理咨询室、路演室、多功能展厅、户外活动区等场地,承担起"高端培训+标准研发+人才评价+就业创业+交流展示"等综合功能,成为家政服务的"产教城"。计划 3 年内联合 100 家行业企业开展师资培训 1 000 人次、从业人员培训 10 000 人次,促进 10 万以上人员实现更高质量更充分就业。

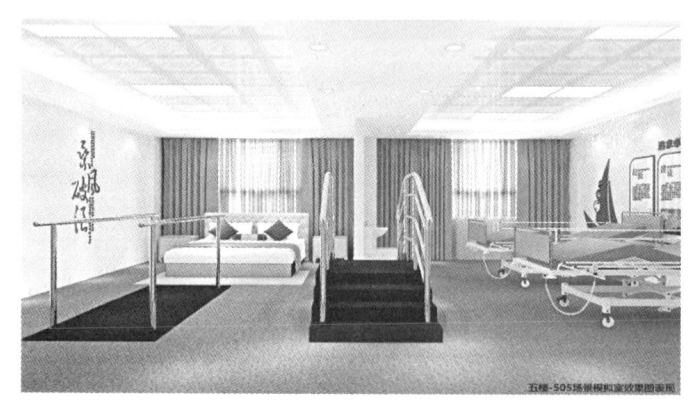

图 7-3　康复护理实训室

图 7-4　母婴服务实训室

依托对口帮扶龙岗区建设的家政服务示范基地,学校联合行业企业开展培训,创建高端家政品牌。2020年,学校与龙岗区家政行业协会、南粤家政与护理就业服务培训有限公司,以提升培养层次、创建鹏城高端家政品牌为目标,联合开展养老护理、育婴、产后康复等专项高端培训,共培训215人并实现高质量就业(见图7-5和图7-6)。其中3人输送到香港就业,月薪达2万港币,在香港家政市场中占据了一席之地,服务质量与水平得到了香港雇主的认可,在创建高端家政品牌方面取得了新的突破。

图 7-5 "南粤家政"育婴员公益技能培训

图 7-6 首期家政服务培训班结业

此外，深圳鹏城技师学院还在创新标准体系，促进培训规范上下功夫，提升家政服务培训质量。2020年，学校牵头组织编写了广东省"南粤家政"工程《金牌月嫂服务技能》培训教材，目前已由中国劳动社会保障出版社出版发行，成为全省金牌月嫂人才培训的标准教材。该教材操作性强、示范性好，为规范培训教学、提升培训质量、打造培训特色、促进家政服务业"提质扩容"以及产业升级奠定了良好的基础。学校与行业龙头企业合作，组织专家在实地走访和电话调查家政企业的基础上，结合企业实际开发《南粤家政母婴服务》"回炉"培训大纲、计划及《训练任务指导书》，为全市开展"回炉"培训提供标准和依据，对促进"南粤家政"工程深入实施发挥了积极作用。

展望未来，深圳鹏城技师学院将认真贯彻落实国家部署，积极承接国家东西部对口帮扶家政服务技能培训，推进"南粤家政+就业帮扶"，将"南粤家政"导入省际劳务协作和乡村振兴战略，继续巩固落实"家政服务劳务对接帮扶行动"，对接深圳市家政服务需求，精准开展订单式培训，培训后实现来深转移就业，努力成为对口帮扶合作交流的"排头兵"。

参考文献

[1] 中共中央文献研究室. 习近平扶贫论述摘编[M]. 北京：中央文献出版社，2018.

[2] 曾天山. 教育扶贫的力量[M]. 北京：教育科学出版社，2018.

[3] 黄景容. 技能扶贫实践与探索[J]. 中国职业技术教育，2007（9）.

[4] 罗德超. 开展深百协作，助力脱贫攻坚——深圳二高技对口帮扶田东中等职业学校调研报告[J]. 深圳人力资源和社会保障信息，2017（27）.

[5] 罗德超. 关于完善贫困学生就读技工院校助学政策的若干建议[J]. 职业，2017（6）.

[6] 罗德超. 关于做好技工院校扶贫招生工作的几点思考[J]. 广东技工教育研究，2017（3）.

[7] 罗德超. 深圳喀什两地情共谱帮扶新篇章[J]. 中国扶贫网，2017（7）.

[8] 蔡文伯，高睿. 支持联盟框架下中等职业教育免费教育政策的社会效应分析[J]. 中国职业技术教育，2017（9）.

[9] 丁留宝，张洁，王为. 中等职业教育免费政策：制度设计、问题及化解[J]. 教育学术月刊，2014（3）.

[10] 贾巍，尹欣妍. 国内教育扶贫的研究进展与思考[J]. 教育教学论坛，2020（2）.

[11] 游明伦，侯长林. 职业教育扶贫机制：设计框架与发展思考[J]. 职教论坛，2013（30）.

[12] 朱爱国，李宁. 职业教育精准扶贫策略探究[J]. 职教论坛，2016（1）.

[13] 朱德全. "双证式"教育扶贫振兴行动研究[J]. 中国教育学刊，2005（11）.

[14] 范涌峰，陈夫义. "三位一体"教育扶贫模式的构建与实施[J]. 教育

理论与实践，2017（10）.

[15] 李向光. 技能扶贫——国家在行动——人力资源社会保障部技能扶贫进行时[J]. 中国人才，2019（7）.

[16] 曾玺凡，周智敏、石宇. 职业教育助力技能扶贫[J]. 科教新报，2019（46）.

[17] 李亚平. 深化技能扶贫与精准扶贫更需精准政策[J]. 职业，2019（1）.

[18] 王学强，刘志艳、辛海明. 扶贫生资助视野下高职院校技能扶贫实践研究[J]. 山西农经，2019（12）.

[19] 伍惠玲. 基于精准扶贫下的职业院校技能扶贫精准施策研究[J]. 农家参谋，2019（21）.

[20] 渠鲲飞，左停、王琳瑛. 深度贫困区技能扶贫运行困境分析——基于能力贫困的视阈[J]. 中央民族大学学报（哲学社会科学版），2018（45）.

[21] 高亚春，俞贺楠. 多措并举促进我国技能扶贫脱贫[J]. 中国人力资源社会保障，2016（9）.

[22] 黄杰. 抓好技能扶贫 实现精准脱贫[J]. 社会主义论坛，2015（12）.

[23] 王广东，龙舒，王珮璇. 完善职业培训体系 促进对口扶贫工作——以珠海市开展以技能扶贫促进民生发展为例[J]. 中国培训，2017（11）.

[24] 张磊. 浅谈技能扶贫在扶贫工作中的作用与困难[J]. 人才资源开发，2015（1）.

[25] 范小梅."教育扶贫"概念考辨[J]. 教育探索，2019（4）.

[26] 王义. 职业教育扶贫与产业转移的联动机制[J]. 高教发展与评估，2019（35）.

[27] 瞿晓理. 我国职业教育扶贫模式研究[J]. 职业技术教育，2019（12）.

[28] 张翔，刘晶晶. 教育扶贫瞄准偏差与治理路径探究[J]. 现代教育管理，2019（3）.

[29] 邱利见. 精准滴灌：补齐教育扶贫短板的良策[J]. 人民论坛，2019（34）.

[30] 魏有兴. 中国教育扶贫70年：历程、经验和走向[J]. 深圳大学学报（人文社会科学版），2019（36）.

[31] 李桂华. 教育扶贫的理论与实践探索[J]. 长白学刊，2018（4）.

[32] 刘细发. 新时代教育扶贫的可行路径探析——基于我国中职教育扶贫视角[J]. 湖南社会科学，2019（2）.

[33] 肖梅. 社会组织参与农村教育扶贫研究[J]. 中国成人教育，2018（21）.

[34] 李静. 加强教育扶贫 提升自主发展能力[J]. 人民论坛，2018（16）.

[35] 纪德奎，张卓. 我国职业教育扶贫热点领域研究[J]. 教育与职业，2018（5）.

[36] 袁利平，张欣鑫. 教育扶贫何以可能——多学科视角下的教育扶贫及其实现[J]. 教育与经济，2018（34）.

[37] 李兴洲. 新中国70年教育扶贫的实践逻辑嬗变研究[J]. 教育与经济，2019（35）.

[38] 袁利平. 论习近平教育扶贫战略思想[J]. 甘肃社会科学，2018（3）.

[39] 佚名. "扶志与扶智"相结合 打响技能扶贫品牌[J]. 劳动保障世界，2019（7）.

后 记

本课题完成之际，正是我国脱贫攻坚决胜之年。新时代新气象，技工教育向更高质量发展，技能帮扶工作走向深入，将进一步创新发展，为巩固脱贫成果实施乡村振兴战略再立新功。2020年3月6日，习近平总书记出席决战决胜脱贫攻坚座谈会上指出："这是一场硬仗，越到最后越要绷紧这根弦，不能停顿、不能大意、不能放松。"2021年2月5日，习近平总书记在全国脱贫攻坚总结表彰大会上强调："解决发展不平衡不充分问题、缩小城乡区域发展差距、实现人的全面发展和全体人民共同富裕仍然任重道远。我们没有任何理由骄傲自满、松劲歇脚，必须乘势而上、再接再厉、接续奋斗。"2021年7月1日，习近平总书记在庆祝中国共产党成立100周年大会上庄严宣告："经过全党全国各族人民持续奋斗，我们实现了第一个百年奋斗目标，在中华大地上全面建成了小康社会历史性地解决了绝对贫困问题，正在意气风发向着全面建成社会主义现代化强国目标的第二个百年奋斗目标迈进。"面向新时代，技能帮扶只有继续努力、迎难而上、勇挑重担，才能不负时代重托，再立新功、再创辉煌。

本课题汇集了深圳鹏城技师学院10年间，在精准技能帮扶工作中的经验探索和理论研究，在帮扶路上的点滴案例故事。课题的研究，一方面是为了呼唤更多的人参与到技能帮扶中来，让技能帮扶工作像一颗种子一样，不断生根发芽，帮助更多学子；另一方面是希望能有更多的政府部门、技工院校、研究机构、企业参与到技能帮扶实践中，带动对口帮扶地区职业教育可持续发展。本课题的研究过程，既是总结经验和提炼做法的过程，也是回顾帮扶工作历程的过程，更是理论创新与提升的过程。技能帮扶工作的过往犹如一幅壮丽的画卷，历历在目；技能帮扶研究的历程仿佛一部鲜活的影像，深印脑海。参与如此跨度的研究工作，全体研究人员付出了大量的心血。学校10年如一日的帮扶工作实践，硕果累累，成为本课题理论研究的重要基础。参与课题研究的包括学校管理者、招生工作人员、帮扶班班主任和一线教师等，大家将理论与实践互融互促，通过深入的思索、碰撞的火花，荟萃观点、凝练文字，反复修改、数易其稿，终于完成课题研究和著作撰写。回顾过去，我们也深知，限于能力与水平，尽管竭尽全力，本课题研究难免粗疏、著述仍然浅陋。不足之处，需要在今后的研究中不断深入细化、补充完善，更期盼各方批评指正。

课题能够顺利完成，要特别感谢中国职协的关心支持，同时也要感谢各级政府与主管部门、受帮扶地区相关单位对学校帮扶工作的指导，为学校长期坚持开展技能帮扶提供了大量帮助，更要感谢学校各学院、部门的配合支持，以及对课题研究提出的宝贵意见和建议。

回首 10 年路，深圳鹏城技师学院技能帮扶前行路上的每一步，都离不开社会各界的大力襄助和倾力支持。正是各方的共同努力，才能使技能帮扶从泥泞的小路中踟蹰行进到光明的大道中奔跑前进，才能使技能帮扶从幼小的青苗成长为茁壮的大树。回首 10 年路，深圳鹏城技师学院技能帮扶的每一项成果，都离不开每一位参与此项工作的教职工。正是大家日复一日、年复一年的默默付出与坚定持守，才让技能成才之花绚丽绽放并成就正果，才让技能教育事业渐呈可观之势而终于蔚为壮观。